미래와 통하는 책

동양북스 외국어 베스트 도서

700만 독자의 선택!

새로운 도서,
다양한 자료
동양북스
홈페이지에서
만나보세요!

www.dongyangbooks.com
m.dongyangbooks.com

※ 학습자료 및 MP3 제공 여부는 도서마다 상이하므로 확인 후 이용 바랍니다.

홈페이지 도서 자료실에서 학습자료 및 MP3 무료 다운로드

PC

❶ 홈페이지 접속 후 도서 자료실 클릭
❷ 하단 검색 창에 검색어 입력
❸ MP3, 정답과 해설, 부가자료 등 첨부파일 다운로드
　* 원하는 자료가 없는 경우 '요청하기' 클릭!

MOBILE

* 반드시 '인터넷, Safari, Chrome' App을 이용하여 홈페이지에 접속해주세요. (네이버, 다음 App 이용 시 첨부파일의 확장자명이 변경되어 저장되는 오류가 발생할 수 있습니다.)

❶ 홈페이지 접속 후 ≡ 터치

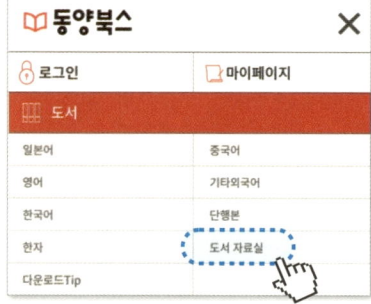

❷ 도서 자료실 터치

❸ 하단 검색창에 검색어 입력
❹ MP3, 정답과 해설, 부가자료 등 첨부파일 다운로드
　* 압축 해제 방법은 '다운로드 Tip' 참고

가장쉬운

인도네시아어
첫걸음의
모든 것

초판 7쇄 | 2024년 6월 25일

지은이 | 윤현숙
발행인 | 김태웅
편 집 | 김현아
마케팅 총괄 | 김철영
온라인 마케팅 | 김은진
제 작 | 현대순

발행처 | (주)동양북스
등 록 | 제2014-000055호(2014년 2월 7일)
주 소 | 서울시 마포구 동교로 22길 14 (04030)
구입 문의 | 전화 (02)337-1737 팩스 (02)334-6624
내용 문의 | 전화 (02)337-1762 dybooks2@gmail.com

ISBN 978-89-98914-77-6 13730

▶ 잘못된 책은 구입처에서 교환해드립니다.
▶ 도서출판 동양북스에서는 소중한 원고, 새로운 기획을 기다리고 있습니다.
   http://www.dongyangbooks.com

이 도서의 국립중앙도서관 출판예정도서목록(CIP)은 서지정보유통지원시스템 홈페이지(http://seoji.nl.go.kr)와
국가자료공동목록시스템(http://www.nl.go.kr/kolisnet)에서 이용하실 수 있습니다.
(CIP제어번호:CIP2013029129)

가장쉬운

인도네시아어 첫걸음의 모든것

윤현숙 지음

동양북스

머리말

인도네시아에 대해 대부분 잘 알고 있으리라 생각하지만 인도네시아에 대해 조금 알려드리자면, 인도네시아는 자카르타(Jakarta)가 수도인 하나의 독립된 나라입니다. 드라마로 꽤 유명해진 발리(Bali)가 바로 인도네시아에 속하며 커피로 유명한 자와(Jawa), 수마트라(Sumatra)와 술라웨시(Sulawesi)도 인도네시아의 주요 섬입니다. 인도네시아는 2억 5천만 명의 인구를 가진 나라로서, 인구로만 보면 세계 4위입니다. 즉, 바하사 인도네시아어(Bahasa Indonesia)를 모국어로 하는 사람들이 최소 2억 5천 명이라는 의미가 됩니다. 이렇게 엄청난 인구와 함께 풍부한 자원, 그리고 저렴한 노동력 때문에 우리나라의 기업들이 꾸준히 인도네시아로 진출하고 있는 추세입니다. 그런 움직임에 따라 인도네시아어의 중요성은 더욱 커지고 있습니다.

인도네시아어를 학습하고자 하더라도 다른 주요 언어들에 비해 교육의 기회가 많지 않은 것이 사실입니다. 이 책은 인도네시아어 습득을 원하는 분은 누구나 독학으로 충분히 초급 단계의 인도네시아어를 마스터할 수 있도록 집필되었습니다. 일상생활에서 많이 쓰이는 표현 위주로 정리했고, 매 과마다 주제를 정해 놓고 관련 단어와 문법을 정리하여 최대한 쉽고 한눈에 들어올 수 있도록 구성했습니다. 인도네시아 문화 이야기를 담은 〈문화 소개〉 코너는 인도네시아어 학습에 재미를 더해 줄 것입니다.

타 언어에 비해 단순한 초급 문법과 발음법은 언어 학습에 흥미를 돋워 줄 것입니다. 하지만 너무 쉽다고 방심하면 실력은 제자리에 머물 수 밖에 없습니다. 처음부터 끝까지 가벼운 마음으로 공부한 후에, 흥미가 있는 부분부터 차근차근 공부하시길 권합니다. 각 과의 문법과 단어는 여러 번 반복해서 공부하면 좋은 복습이 될 것입니다. 그러는 동안 분명 실력이 향상될 것이라 믿습니다. 인도네시아어에 관심을 갖고 내딛은 첫걸음에 이 책이 힘을 실어 드릴 수 있기를 바랍니다.

늘 지지와 지원을 아끼지 않는 가족들과 인도네시아국립대학교 Maman S Mahayana 교수님, 한국외대 고영훈 교수님, 출판에 관심과 응원해 주신 선후배 및 지인들께 감사드립니다. 또한, 이 책이 세상에 나올 수 있도록 기회를 주신 동양북스 관계자 여러분께 심심한 감사의 인사를 드립니다.

차례

Daftar isi

차례

Daftar isi

이 책의 구성과 특징

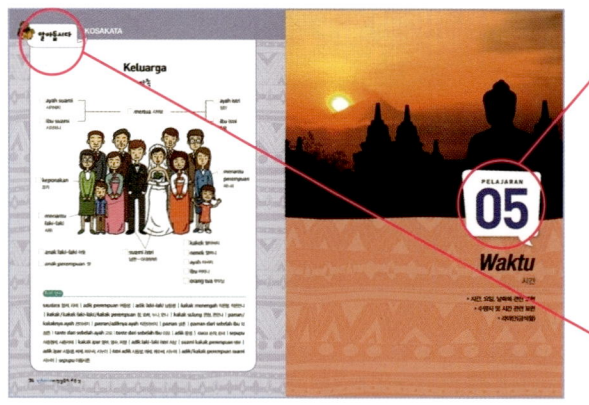

◀ 과 소개
각 과의 본문에서 배울 내용들이 소개되
어 있습니다.

◀ 알아둡시다
보너스 단어 및 표현들을 삽화와 함께
정리했습니다.

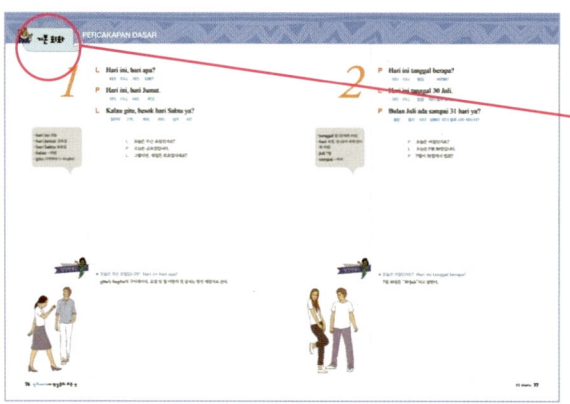

◀ 기본 회화
상황별 기본 회화를 익힙니다. 꼭 알아
야 할 구문과 문법 사항이 포함된 부분
을 미리 소개한 것입니다. MP3 음원을
활용해 발음과 문장을 꼭 암기하세요.

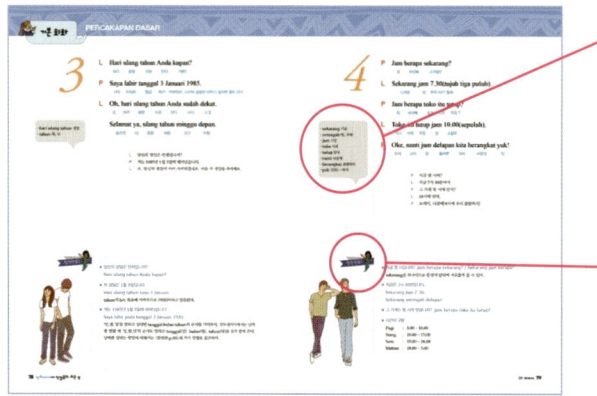

◀ 단어
각 페이지마다 현지에서 자주 쓰이는 단
어들 위주로 새로 나온 단어들을 소개했
습니다. 꾸준하게 외워 보세요. 실력이
됩니다.

◀ 잠깐만요
초보자가 꼭 알아야 할 문법이나 표현
등을 실었습니다. 첫걸음 학습에서 꼭
필요한 내용으로 쉽게 설명해 놓았습니
다. 꼼꼼하게 공부하세요.

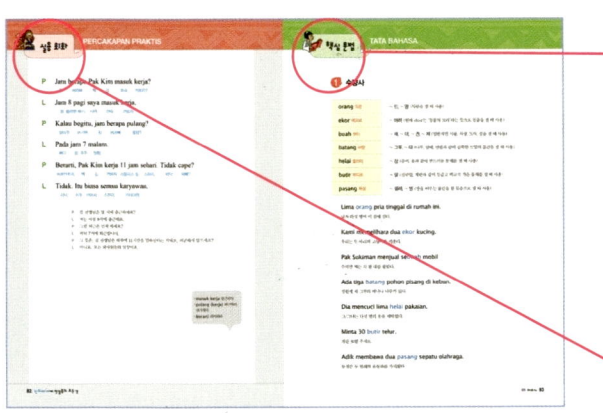

◀ **핵심 문법**

문법편에서는 회화편에서 미처 다루지 못한 부분이나 다루었다 하더라도 설명이 미약했던 부분을 더욱 자세하게 설명함으로써, 문법의 기본을 확실하게 다질 수 있도록 했습니다. 따라서 문법책을 따로 사서 공부하실 필요가 없습니다.

◀ **실용 회화**

실전에 유용하게 사용되는 회화문으로 반복 학습의 효과를 가질 수 있습니다. 먼저 교재를 보지 않고 MP3를 들어본 후 잘 들리지 않는 부분은 교재를 확인하면서 반복 학습하세요.

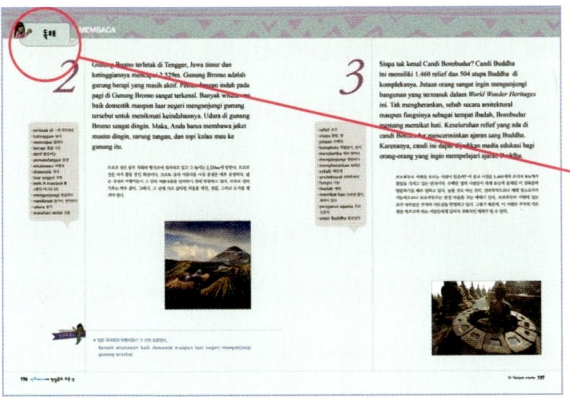

◀ **문화 소개**

인도네시아의 문화를 엿볼 수 있는 코너입니다. 흥미로운 문화 이야기가 학습의 재미를 더해 줄 것입니다.

◀ **독해**

15과부터는 기본 회화와 더불어 독해 지문을 담았습니다. 앞에서 학습한 어휘와 문법을 바탕으로 독해에 도전해 보고, 실력을 키워 보세요.

이 책의 활용법

1. 생활 회화

모두 20가지의 주제별 회화 중심으로 구성되어 있으며, 단어 정리는 물론 회화를 실용적으로 확장할 수 있는 추가 표현까지 정리하였습니다. 동양북스 홈페이지에서 회화편의 강의를 누구나 수강하실 수 있습니다.

2. 핵심 문법

흔히 첫걸음 교재라고 하면 회화나 문법 각각의 교재를 사서 공부하게 됩니다. 하지만, 이 교재는 생활 회화와 기초 문법 모두를 담고 있어 더욱 효율적이고 체계적인 상호 학습이 가능합니다.

3. MP3

인도네시아어의 발음, 기본 회화, 실용 회화 전편이 수록되어 있습니다. 모든 회화를 원어민의 목소리로 녹음하여 듣고 따라 말하기 학습을 할 수 있습니다.

4. 무료 동영상 강의

인터넷을 이용할 수 있는 곳이라면 언제 어디서나 수강이 가능하도록 무료 동영상 강의를 만들었습니다. 동양북스 홈페이지(http://www.dongyangbooks.com)를 방문하시면 24시간 무료로 수강할 수 있습니다. 또한 스마트폰으로도 강의를 수강할 수 있습니다.(m.dongyangbooks.com) 학원에 갈 시간이 없거나 빠른 시간 내에 인도네시아어를 하고 싶은 분들을 위한 최선의 서비스가 인도네시아어 학습의 길잡이가 되어 드립니다.

준비과정

● **목표**

인도네시아어 알파벳과 발음 익히기

● **중요 포인트**

Alfabet (알파벳) : 알파벳

Pengucapan (쁭우짜빤) : 발음

1 Alfabet 알파벳

Aa	Bb	Cc	Dd	Ee	Ff	Gg
아	베	쩨	데	에	에프	게
Hh	Ii	Jj	Kk	Ll	Mm	Nn
하	이	제	까	엘	엠	엔
Oo	Pp	Qq	Rr	Ss	Tt	Uu
오	뻬	끼	에르	에스	떼	우
Vv	Ww	Xx	Yy	Zz		
훼	웨	엑스	예	젯		

인도네시아어는 영어 알파벳(로마자)을 사용한다. 고유의 문자를 새로 익힐 필요 없이, 알파벳을 인도네시아 식으로 발음하는 방법만 알고 있으면 어떤 단어든 읽을 수 있다. 자음은 24가지가 있고, 모음은 a, e, i, o, u에 반모음 w, y가 있다. 이중자음은 ny, kh, ng가 있다.

2 Pengucapan 발음

1. 모음

단모음	**a** [아]	**a**nak 아낙 (아이, 어린이)
	e [으(어)] [에]	e는 두 가지로 발음할 수 있다. [에]로 발음되거나, [으]와 [어]의 중간 정도로 발음 된다. 대부분의 단어가 [으(어)]로 발음되므로, [에]로 발음하는 경우만 잘 익혀 두자. [으(어)] **e**mas 으마스 (금) k**e**las 끌라스 (교실) [에] **e**kor 에꼬르 (꼬리) **e**skalator 에스깔라또르 (에스컬레이터)
	i [이]	**i**stri 이스뜨리 (아내)
	o [오]	**o**rang 오랑 (사람)
	u [우]	**u**dang 우당 (새우)
이중모음	**ai** [아이]	bag**ai**mana 바가이마나/바게마나 (어떻게) bad**ai** 바다이/바데 (태풍) [에]로 발음하기도 한다.
	au [아우]	s**au**dara 사우다라/소다라 (형제, ~군) pul**au** 뿔라우/뿔로 (섬) [오]로 발음하기도 한다.
반모음	**y** [예]	**y**akin 야낀 (확신하다) a**y**ah 아야 (아버지) s**y**arat 샤랏 (조건)
	w [웨]	**w**ilayah 윌라야 (지역) **w**arna 와르나 (색깔)

2. 자음

단자음	B [베]	baca 바짜 (읽다) bersin 버르신 (재채기) buat 부앗 (만들다)
	C [쩨]	coklat 쪼끌랏 (초콜릿) cari 짜리 (찾다) cicilan 찌찔란 (할부)
	D [데]	dasi 다시 (넥타이) duit 두잇 (돈)
	F [에프]	foto 포또 (사진) 영어 F와 같은 발음이다. 아랫입술을 윗니로 살짝 깨물며 발음한다.
	G [게]	gelas 글라스 (유리잔) tunggu 뚱구 (기다리다)
	H [하]	hutan 후딴 (숲) hawa 하와 (기후) tujuh 뚜주ㅡㅎ (일곱)
	J [제]	jalan 잘란 (길)
	K [까]	kuda 꾸다 (말) kopi 꼬삐 (커피)
	L [엘]	lampu 람뿌 (전등) lihat 리핫 (보다)
	M [엠]	mobil 모빌 (자동차) motor 모또르 (오토바이) masak 마삭 (요리하다)
	N [엔]	nomor 노모르 (번호) nama 나마 (이름)

단자음	**P** [뻬]	**p**agi 빠기 (아침) **p**iring 삐링 (접시) **p**utra 뿌뜨라 (왕자)
	Q [끼]	Al-**Q**uran 알꾸란 (이슬람 경전)
	R [에르]	**r**okok 로꼭 (담배) dokte**r** 독떠르 (의사) 주의해야 할 발음 중 하나로 혀를 드르르~ 떨어야 한다.
	S [에스]	**s**epeda 스뻬다 (자전거) **s**ekolah 스꼴라 (학교)
	T [떼]	**t**oko 또꼬 (가게) **t**angan 땅안 (손) **t**erkenal 떠르끄날 (유명하다)
	V [휆]	**v**ocal 포칼 (모음) **v**isa 휘자 (비자) 영어의 [V] 발음이다. F와 유사하게 발음한다.
	X [엑스]	
	Z [젯]	**i**zin 이진 (허락)
이중자음	**kh**	**kh**as ㅋ하스 (고유의, 독특한) **kh**usus ㅋ후수스 (특별한) ㅋ와 ㅎ발음이 공존하는 이중자음이다. 발음이 어렵기 때문에 현지인들도 ㅋ이나 ㅎ중 한쪽으로 발음하는 경우가 많다.
	ng	**ng**antuk 응안뚝 (졸리다) **ng**omong-ngomong 응오몽-오몽 (그건 그렇고) 단어의 첫 글자로 쓰일 때 [응]으로 발음하고, 두 번째 이후에 나올 때는 이응 받침으로 발음한다.
	ny	**ny**anyi 냐니 (노래하다) **ny**onya 뇨냐 (외국 부인에게 붙이는 호칭)

3. 꼭 기억할 것!

- K, T, P, C는 한글의 된소리 ㄲ, ㄸ, ㅃ, ㅉ로 발음한다.
- L과 R을 잘 구분하자. L은 [ㄹㄹ] 발음이고 R은 혀를 떨면서 내는 [ㄹ] 발음이다.

   telur 떨루르~   terur 떠루~르~

- F와 V는 유사한 발음이다. V를 [ㅂ] 발음을 하지 않도록 한다. F에 더 가까운 발음이다.
  visa는 [비자]가 아닌 [휘자]에 가깝게 발음한다.

4. 발음 연습

bersin 베르신 (재채기)

telur 떨루르 (계란)

taksi 딱시 (택시)

berapa 버라빠 (얼마)

sinetron Korea 시네뜨론 꼬레아 (한국 드라마)

kampus Universitas 깜뿌스 우니붸르시따스 (대학 캠퍼스)

인도네시아어에는 영어 차용어도 많다. 이런 경우에도 역시 인도네시아 식으로만 읽으면 된다.

   Bandara Internasional Soekarno Hatta (수카르노 하타 국제공항)
   반다라   인떠르나시오날   수까르노   하따

Soekarno에서 oe는 u의 구 철자법이다. 현재는 모두 개정되었으나 고유명사에는 여전히 남아 있다. 읽을 때는 Sukarno로 읽으면 된다.

> 그 외에 알아 두어야 할 구철자법 (개정)
> - oe ➡ u 우   - dj ➡ j 제   - tj ➡ c 쩨

5. 줄임말의 발음 연습

SD 에스데 (초등학교) : Sekolah Dasar

SMP 에스엠뻬 (중학교) : Sekolah Menengah Pertama

SMA 에스엠아 (고등학교) : Sekolah Menengah Atas

AC 아쎄 (에어컨) : Air Conditioner

WC 웨쎄 (화장실) : Water Closet

★ C는 [쩨]로 읽어야 하지만 예외적으로 [쎄]라고 읽는 경우가 가끔 있다.

한국인에게 익숙한 단어

durian 두리안

열대과일의 일종이다. 아주 고약한 냄새를 풍기지만 한번 맛을 들이면 쉽게 빠져나올 수 없는 맛과 매력을 가진 과일이다. 과일의 황제로 불리기도 하는 두리안은 한국 유명 백화점에서 비싼 가격에 판매되고 있기도 하다. durian은 인도네시아어인데 duri는 '가시'라는 뜻이다. 두리안 껍질의 모양이 가시로 뒤덮인 것 같다고 해서 이러한 이름이 붙여졌다.

rambutan 람부딴

람부딴도 열대과일의 일종이다. 한국에서 뷔페의 과일 코너에서 찾아볼 수 있고, 중식당에서 디저트로도 종종 제공되고 있다. 껍질은 빨갛고 머리카락(rambut)과 같은 것이 나 있어서 람부딴이라 불린다.

istana 이스따나

이스따나는 '궁전'이란 뜻인데, 한국에서는 자동차 이름으로 유명하다.

orang hutan 오랑우딴

오랑우딴은 직역하면 '숲에 사는 사람'이란 뜻이다. 침팬지와 비슷한 동물의 이름으로 오랑우딴은 인도네시아어이다.

kopi luwak 꼬삐루왁

루왁(luwak)이라는 사향고양이의 분비물에서 채취한 커피콩으로 만든 커피다. 인도네시아산 루왁 커피는 매우 상급의 품질이며 고가의 커피다.

품사명

명사	kata benda 까따 븐다	nomina 노미나
동사	kata kerja 까따 꺼르자	verba 브르바
형용사	kata sifat 까따 시팟	adjektif 아젝띠프
대명사	kata ganti 까따 간띠	pronomina 쁘로노미나
의문사	kata tanya 까따 따냐	interogatif 인뜨로가띱
부사	kata keterangan 까따 끄뜨랑안	adverbial 아드버르비알
전치사	kata depan 까따 드빤	preposisi 쁘로뽀시시
관계사, 접속사	kata penghubung 까따 뼁후붕	konjungsi 끈중시
수사	kata bilangan 까따 빌랑안	numeralia 누머랄리아
접사	imbuhan 임부한	afiksasi 아픽사시

Salam

인사

- 인사하기, 안부 묻기
- 인칭대명사와 문장 구조
- 인사 활용
- 인도네시아 열대과일

L (Laki-laki 남자) P (Perempuan 여자)

P Selamat pagi, Pak Kim!
　　슬라맛　　빠기,　　빡　김!

L Selamat pagi, Ibu Santi!
　　슬라맛　　빠기,　이부　산띠!

　　P　안녕하세요, 김 선생님!
　　L　안녕하세요, 산띠 부인!

> • selamat 좋은, 무사한,
>   축하하다
> • pagi 아침
> • Pak (남성에 대한 호칭)
>   ~씨, ~선생님
> • Ibu (여성에 대한 호칭)
>   ~부인, ~여사, 어머니
> • ayah 아버지

 잠깐만요!

★ (오전 10시 전에 만났을 때) 안녕하세요. Selamat pagi.
　Selamat pagi를 줄여서 간단히 Pagi라고 하기도 한다.

★ 나의 어머니 ibu saya
　당신의 아버지 bapak Anda (= ayah Anda)
Pak(Bapak의 줄임말)과 Ibu는 영어의 Mr.와 Ms.와 같은 표현이다. 즉, Pak Kim은 Mr. Kim이고, Ibu Santi는 Mrs. Santi이다. Pak(Bapak)은 '~씨, ~선생님, 아저씨, (직급 대신 사용하여) 사장님, 부장님' 등으로 해석된다. Ibu는 bu라고 줄여 사용하기도 하며 '~여사, ~부인' 정도로 해석된다. 보통 기혼자에게 붙이는 호칭이지만 미혼자에게도 보편적이고 일반적인 존경의 호칭으로 사용할 수 있다. Pak과 Ibu는 이름이나 성에 붙여 사용하고, 호칭어로 쓸 때는 위치에 상관없이 항상 대문자로 표기한다. Bapak과 ibu는 '아버지, 어머니'란 뜻도 있는데, 이때는 문장의 맨 앞에 올 때만 대문자로 쓰면 된다.

2

P Selamat siang, Mas Agus!
슬라맛 시앙, 마스 아구스!

L Selamat siang, Mbak Dewi! Apa kabar?
슬라맛 시앙, 음박 데위! 아빠 까바르?

P Baik-baik saja. Terima kasih. Mas Agus?
바익-바익 사자. 뜨리마 까시. 마스 아구스?

L Saya juga baik. Terima kasih.
사야 주가 바익. 뜨리마 까시.

- **siang** 점심, 낮
- **Mbak** (자와 지역에서 사용하는 젊은 여성에 대한 호칭) ~양, 아가씨
- **Mas** (자와 지역에서 사용하는 젊은 남성에 대한 호칭) ~씨, ~군, 청년
- **apa** 무엇
- **kabar** 안부, 소식
- **baik** 좋은, 좋다
- **saya** 저
- **juga** 역시, 또한, 마찬가지로
- **seperti** ~와 같은
- **saja** 그냥
- **biasa** 보통

P 안녕하세요, 아구스 씨!
L 안녕하세요, 데위 양! 잘 지내세요?
P 잘 지냅니다. 감사합니다. 아구스 씨는요?
L 저도 잘 지내요. 감사합니다.

잠깐만요!

★ (낮 11시~3시경에 만났을 때) 안녕하세요. **Selamat siang.**
Selamat siang을 줄여서 간단히 Siang이라고 하기도 한다.

★ 어떻게 지내세요? / 안녕하세요? **Apa kabar?**
Apa kabar와 Selamat siang는 모두 누군가를 만났을 때 건네는 인사말이다. 차이점은 Apa kabar는 안부를 묻는 "안녕하세요(잘 지내세요)?"이므로 대답을 요하는 표현이고 Selamat siang은 특별한 대답을 요하지 않으므로 똑같이 Selamat siang이라고 답하면 된다. Selamat pagi, Selamat malam도 마찬가지다.

★ 감사합니다. **Terima kasih.** / 대단히 감사합니다. **Terima kasih banyak.**
상대방이 먼저 안부를 묻는 경우, Terima kasih.(감사합니다)라고 감사 인사를 한 다음에 Bagaimana kabar Pak Kim?(김 선생님은 어떠세요?), Anda?(당신은요?) 혹은 Kamu?(너는?)라는 말로 상대방의 안부를 되묻는 것이 예의다.

★ 아구스 씨 **Mas Augus** / 데위 양 **Mbak Dewi**
Mas와 Mbak은 인도네시아 자와(Jawa) 지역에서 사용하는 호칭이다. 수도인 Jakarta(자카르타)는 자와 지역에 해당하므로 위의 호칭이 자주 쓰인다.

★ 잘 지내요. **Baik.** / **Baik-baik saja.**

★ 늘 똑같아요. **Seperti biasa.**

3

L Selamat sore, Yuri.
　　슬라맛　　소레,　유리.

P Sore, Pak. Bagaimana kabar Bapak?
　　소레,　빡.　　바게마나　　까바르　　바빡?

L Baik-baik saja. Makasih. Apa kabar, Yuri?
　　바익-바익　사자.　마까시.　아빠　까바르,　유리?

P Saya juga baik. Makasih ya, pak.
　　사야　주가　바익.　마까시　야,　빡.

- sore 오후
- bagaimana 어떠한, 어떻게

L 안녕, 유리야.
P 안녕하세요, 아저씨. 어떻게 지내세요?
L 아주 잘 지내고 있어. 고마워. 유리는 잘 지내니?
P 저도 잘 지내요. 고마워요, 아저씨.

★ (오후 3시~5시경에 만났을 때) 안녕하세요. Selamat sore.
　Selamat sore를 줄여서 Sore라고도 한다.

★ 고마워(요)! Makasih!
　정말 고마워(요)! Makasihbanyak!
　Makasih는 Terima kasih의 줄임말이다. 부드럽고 친근한 뉘앙스를 주기 위해 구어체에서는
　Makasih라고 줄여 쓰는 경우가 많다. 여기에 ya(특별히 해석되지 않음)를 붙여 Makasih ya~
　라고 하면 매우 친근한 표현이 된다. 줄임말이기 때문에 Terima kasih 보다는 격식을 덜 차리
　는 표현이고, 공식 석상에서는 지양해야 할 표현이지만 그렇다고 꼭 반말이라고도 할 수 없다.
　그러므로 가까운 손윗사람에게도 친근함을 주는 Makasih ya~를 적절히 잘 사용하면 부드러운
　이미지를 줄 수 있을 것이다.

★ 어떻게 지내세요? Bagaiamana kabar Bapak?
　Bagaimana를 빨리 발음하면 [바게마나]처럼 소리 난다. 줄임말은 gimana[기마나]이다.

4

P   Selamat malam, Mas Agus!

슬라맛   말람.   마스   아구스!

L   Selamat malam, Ibu Park!

슬라맛   말람.   이부   박!

P   안녕하세요, 아구스 군!
L   안녕하세요, 박 여사님!

• malam 밤

잠깐만요!

★ (저녁 6시 이후에 만났을 때) 안녕하세요. Selamat malam.

Selamat malam을 줄여서 Malam이라고 인사한다.

5

L Selamat tidur, Ibu.
슬라맛 띠두르, 이부.

P Selamat tidur, Nak. Mimpi indah.
슬라맛 띠두르, 낙. 밈삐 인다.

L Ya.
야.

- tidur 자다
- Nak 낙
  (anak[아낙]의 줄임말)
- mimpi 꿈꾸다, 꿈
- indah 아름다운
- ya (긍정의 대답) 네
- tidak 아니요

L 안녕히 주무세요, 어머니.
P 잘 자라, 얘야. 좋은 꿈 꾸거라.
L 네.

★ 안녕히 주무세요. (잘 자.) Selamat tidur.

6

P Dadah, Dodi!
　다다,　　도디!

L Dadah, Putri! Sampai jumpa lagi!
　다다,　　뿌뜨리!　삼빠이　줌빠　라기!

P Sampai jumpa!
　삼빠이　　줌빠!

- **dadah** 안녕, 잘 가(헤어질 때 친한 사이끼리 하는 인사말)
- **sampai** ~까지, 도착하다
- **jumpa** 만나다
- **lagi** 또, 다시

P　안녕, 도디!
L　안녕, 뿌뜨리! 또 만나자!
P　또 만나!

★ 또 만나요!

Sampai jumpa lagi. = Sampai bertemu lagi.
삼빠이　줌빠　라기.　　삼빠이　버르뜨무　라기.

Sampai jumpa. = Sampai bertemu!
삼빠이　줌빠.　　　삼빠이　버르뜨무!

Jumpa lagi. = Bertemu lagi.
줌빠　라기.　　버르뜨무　라기.

영어의 See you again에 해당하는 인사말이 Sampai jumpa lagi이다. 직역하면 '다시 만날 때까지'이다. 헤어질 때 보통 이 표현을 쓴다. 줄여서 Sampai jumpa 혹은 Jumpa lagi라고 하며, jumpa의 동의어인 bertemu를 사용하여 Sampai bertemu lagi, 줄여서 Sampai bertemu 혹은 Bertemu lagi라고 쓴다.

Di Jalan 길에서

P Selamat malam, Pak Kim!
 슬라맛   말람.   빡 김!

L Selamat malam, Mbak Dewi. Apa kabar?
 슬라맛   말람.   음박 데위. 아빠 까바르?

P Baik-baik saja. Terima kasih. Kabar Bapak bagaimana?
 바익-바익   사자.   뜨리마   까시.   까바르   바빡   바게마나?

L Saya juga baik. Terima kasih ya. Sampai bertemu lagi!
 사야   주가   바익.   뜨리마   까시 야.   삼빠이   버르뜨무   라기!

P Ya, jumpa lagi, Pak!
 야.   줌빠   라기.   빡!

 P 안녕하세요, 김 선생님!
 L 안녕하세요, 데위 양. 잘 지내요?
 P 잘 지내고 있어요. 감사합니다. 김 선생님은 어떻게 지내세요?
 L 나도 잘 지내요. 고마워요. 그럼 또 만나요!
 P 네, 또 봬요!

① 인칭대명사

인칭	단수	복수
1인칭	saya (저) 사야 aku (나) 아꾸	kita (우리, 청자 모두 포함) 끼따 kami (우리, 청자 일부 불포함) 까미
2인칭	Anda (당신) 안다 kamu (너), engkau (너, 자네) 까무　　　　　응까우	Anda sekalian (당신들) 안다　　스깔리안 = Anda semua (당신들 모두) 안다　스무아 kamu sekalian, kalian (너희들) 까무　스깔리안,　깔리안 = kamu semua (너희들 모두) 까무　스무아
3인칭	dia (그, 그녀) 디아 beliau (그분) 블리아우	mereka (그들) 머레까

인도네시아어의 인칭대명사에는 존칭과 비존칭의 표현이 있다. 격식 있는 자리에서 쓰는 단어와 친한 사이에게 쓰는 단어들을 잘 구분해서 사용해야 한다. 처음부터 모든 단어를 다 외우는 게 어렵다면 saya, Anda와 같은 존칭을 먼저 익히는 것이 좋다. 언어가 익숙하지 않은 상황에서 반말을 사용하는 것은 누구나 이해하겠지만, 언어가 익숙해진 후에도 계속 반말을 사용한다면 아무리 외국인이지만 좋지 않게 보일 수 있다. 더욱이 공식적인 자리에서는 존칭어를 잘 사용함으로써 신뢰감을 줄 수 있다. 언어도 습관이므로 처음부터 자신의 언어를 잘 길들이는 것이 중요하다.

1인칭 인칭대명사는 saya와 aku가 있다. Saya는 자신보다 나이가 많은 사람에게 쓰는 표현이다. 또한 격식을 차려야 하는 경우에는 saya를 쓴다. Aku는 나이가 같거나 더 어린 사람에게 쓰는 표현이다.

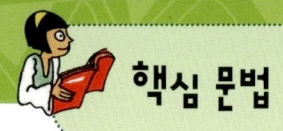

2인칭 인칭대명사로는 Anda와 kamu, engkau가 있다. Anda의 A는 항상 대문자로 표기하며, 주로 나이가 같거나 많은 사람에게 쓴다. 일상회화에서는 많이 쓰이지 않지만, 격식을 차리는 표현으로 상대방의 이름을 모르는 경우에 사용할 수 있다. 참고로 호칭에 있어서 성이나 이름을 알고 있는 경우 Anda 대신 Pak, Ibu를 사용하는 것이 더 자연스럽다. 예를 들어 Pak Kim, Ibu Santi 처럼 말이다. Kamu는 친구 사이에 사용하는 표현이다.

3인칭 인칭대명사로 단수를 나타내는 dia와 beliau가 있다. Dia는 남성, 여성을 모두 지칭한다. 그러므로 남성일 경우 '그', 여성일 경우에는 '그녀'라고 해석이 된다. 격식을 차리지 않는 회화문에서는 '그 애' 정도의 의미가 된다. Beliau는 존경의 대상이 되는 인물에게 사용되며 '그분'이란 뜻이다.

인칭대명사에서 주의할 점은 '우리'라는 뜻을 가진 Kita와 kami이다. 이들의 차이점은 청자가 '우리'에 포함되느냐, 포함되지 않느냐이다.

Kita bertemu dengan Pak Kim.
끼따   버르뜨무   등안   빡 김.

우리는 김 선생님을 만났다. (청자, 화자 모두)

Kami bertemu dengan Pak Kim.
까미   버르뜨무   등안   빡 김.

우리는 김 선생님을 만났다. (일부 청자 제외)

소유격으로 쓰일 때, 일부 인칭대명사는 축약될 수 있다

인도네시아어에서 소유격은 소유 대상의 명사 뒤에서 수식하는 형태로 표현한다. 명사 뒤에서 수식하는 품사가 인칭대명사일 경우, 일부 인칭대명사는 다음과 같이 축약되기도 한다. 축약됨으로써 단어의 길이가 짧아져 언어가 간소화되므로 구어체에서는 자주 사용된다.

aku ➡ ku	rumah aku ➡ rumahku	나의 집
kamu ➡ mu	rumah kamu ➡ rumahmu	너희 집
engkau ➡ kau	rumah engkau ➡ rumahkau	너희 집, 자네 집
dia ➡ nya	rumah dia ➡ rumahnya	그/그녀의 집

2 문장 구조

인칭대명사를 알면 간단한 문장 만들기를 할 수 있다. 인도네시아의 기본적인 문장 구조는 3가지로 정리할 수 있고, 이 구조들은 매우 간단하다.

1. 주어 + 보어 ((대)명사 + 명사)

Saya Kim Suyoung. 저는 김수영입니다.
사야   김   수영.

Anda mahasiswa. 당신은 대학생입니다.
안다   마하시스와.

Dia Pak Agus. 그는 아구스 씨입니다.
디아   빡   아구스

위의 예문을 보면 saya(저) 다음에 바로 Kim Suyoung(김수영)이 나오는 것을 알 수 있다. 그대로 번역을 하면 "저는 김수영"이 되어 불완전해 보인다. 하지만 인도네시아어에서 이런 구조는 문법적으로 전혀 이상이 없다. 그 이유는 '~이다/입니다(영어의 be동사)'에 해당하는 adalah를 생략할 수 있기 때문이다. Saya adalah Kim Suyoung이라고 해도 되지만, 주어와 보어가 동격일 때 adalah를 생략하는 경우가 더 많으므로 문제가 없는 것이다. 그래서 간단하게 〈명사+명사〉만으로 문장을 만들 수 있다. 하지만 모든 동사를 생략할 수 있는 것이 아니라 명사와 명사 사이에 adalah(~이다/입니다)가 와야 하는 경우에만 adalah를 생략할 수 있으므로 주의하자.

2. 주어 + 동사 (목적어를 취하거나 취하지 않는다.)

Aku pergi. 나는 간다.
아꾸   뻐르기.

Kamu makan? 너는 먹니?
까무   마깐?

Dia suka saya. 그는 나를 좋아한다.
디아   수까   사야.

〈주어+동사(+목적어)〉 구조에서는 문장이 〈주어+동사〉로 끝날 수도 있고, 목적어를 필요로 할 수도 있다. 이때는 〈주어+동사+목적어〉 순서가 된다. 한국어와 다르게 동사 다음에 목적어가 오므로 주의하자.

3. 주어 + 형용사 (추가적으로 부사의 수식을 받을 수 있다.)

Ini bagus. 이것은 좋습니다.
이니   바구스.

Dia cantik sekali. 그녀는 매우 예쁩니다.
디아   짠띡   스깔리.

첫 번째 예문에서는 주어로 ini가 사용되었다. Ini는 지시대명사로 '이것'이란 의미다. Bagus는 '좋은'이란 뜻의 형용사다. 그리고 두 번째 예문에서는 '그' 혹은 '그녀'의 의미를 가진 dia가 주어로 왔고, cantik이라는 형용사가 서술부에 위치하여 "그녀는 예쁘다"라는 의미를 만들고 있다. 마지막에 sekali는 '매우'라는 의미의 부사로서 cantik을 수식하고 있다

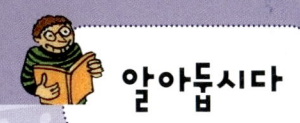

Pemakaian Salam
인사 활용

Selamat pagi. = Pagi 안녕하세요.(아침)
슬라맛 빠기.

Selamat siang. = Siang. 안녕하세요.(점심)
슬라맛 시앙.

Selamat sore. = Sore. 안녕하세요.(오후)
슬라맛 소레.

Selamat malam. = Malam. 안녕하세요.(저녁)
슬라맛 말람.

Selamat tidur. 안녕히 주무세요.
슬라맛 띠두르.

Selamat datang. 어서 오세요.
슬라맛 다땅.

Selamat jalan. 안녕히 가세요.
슬라맛 잘란.

Selamat tahun baru! 새해 복 많이 받으세요!
슬라맛 따운 바루!

Selamat hari Natal! 메리 크리스마스!
슬라맛 하리 나딸!

Selamat berpuasa. 금식 잘 하세요.
슬라맛 버르뿌아사.

Selamat hari raya. 명절 잘 보내세요.
슬라맛 하리 라야.

Selamat berlebaran. 르바란 명절 잘 보내세요.
슬라맛 버르르바란.

Selamat hari ulang tahun! 생일 축하합니다!
슬라맛 하리 울랑 따운!

Selamat! 축하해! (합격, 결혼, 생일 등)
슬라맛!

Sampai jumpa lagi. 또 만나요.
삼빠이 줌빠 라기.

Jumpa besok. 내일 만나요.
줌빠 베속.

Jumpa nanti. 나중에 만나요.
줌빠 난띠.

★ 금식과 르바란 명절에 관한 내용은 2과, 5과, 6과의 〈문화 소개〉를 참고하세요.

Buah-buahan Indonesia

인도네시아 열대과일

Durian 두리안 | Durian은 과일의 황제로도 불리는 맛이 좋고 고가의 buah(과일)이다. Duri는 bahasa Indonesia(인도네시아어)로 '가시'라는 뜻이다. Durian을 본 적이 있는 orang(사람)이라면 "아하!"하고 바로 이해할 수 있을 것이다. Durian의 kulit(껍질)은 겉모습이 멜론처럼 둥글지만, 매끄럽지는 않고 마치 duri(가시)가 난 것 같은 모양을 하고 있다. 두리안은 고유의 고약한 bau(냄새)로도 유명하다. 처음에는 이 bau 때문에 거부감이 들기도 하지만, 한번 맛을 보면 그 bau마저 잊게 한다. 인도네시아에 가면 한 번쯤 시도해 볼 만한 과일이다.

Rambutan 람부탄 | Rambut은 bahasa Indonesia로 '머리카락'이란 뜻이다. Durian의 글자 원리를 이해한 사람들은 바로 눈치챘을 것이다. Rambutan은 rambut이 난 것 같은 형태를 한 과일이다. 머리카락이 난 것 같은 모양의 과일이라? 상상만으로도 징그럽다고 생각하는 사람도 있겠지만, 맛은 매우 bagus(좋다)! 금귤만한 ukuran(크기)인데, 빨간색 rambut을 가진 kulit을 벗기면 putih(하얀, 흰) 과육이 나온다. 과육이 참 달고 맛있다.

Manggis 망기스 | 대부분의 perempuan(여성)이 좋아하는 manggis는 ungu tua(짙은 보라색)의 껍질을 가졌는데, 껍질이 halus(부드러운)인 것이 잘 matang(익은)인 것이다. 껍질은 tebal(두꺼운)이지만, 부드럽기 때문에 손으로 충분히 벗길 수 있다. 하지만 보라색이 kuku(손톱)에 배어서 고생을 좀 할 수도 있다. 보라색 물이 kuku에 밴 것 정도는 대수롭지 않게 만들어버리는 그 달콤한 맛을 꼭 느껴 보기 바란다.

Dari mana?

어디에서 오셨어요?

- 이름, 국적 묻고 답하기
- 주요 전치사
- 나라 이름
- 이슬람, 인도네시아의 종교

 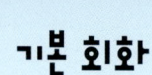

기본 회화 — PERCAKAPAN DASAR

1

L Selamat pagi. Saya Kim Suyoung. Siapa nama Anda?
슬라맛 빠기. 사야 김 수영. 시아빠 나마 안다?

P Selamat pagi. Nama saya Dewi. Pak Kim dari mana?
슬라맛 빠기. 나마 사야 데위. 빡 김 다리 마나?

L Saya datang dari Korea.
사야 다땅 다리 꼬레아.

P Oh, begitu. Senang bertemu dengan Bapak.
오, 브기뚜. 스낭 버르뜨무 등안 바빡.

L Saya juga senang.
사야 주가 스낭.

- siapa 누구
- nama 이름
- datang 오다
- dari ~에서, ~로부터
- mana 어디
- begitu 그러한
- senang 즐거운, 기쁜, 유쾌한
- bertemu 만나다

L 안녕하세요. 저는 김수영입니다. 당신의 이름은 무엇입니까?
P 안녕하세요. 제 이름은 데위입니다. 당신은 어디에서 오셨어요?
L 저는 한국에서 왔습니다.
P 오, 그렇군요. 만나서 반갑습니다.
L 저도 만나서 반갑습니다.

★ 당신의 이름은 무엇입니까? Siapa nama Anda?

★ 어디에서 오셨어요? Dari mana?
datang dari는 '~로부터 오다'라는 의미다. 이 구문에서 datang은 dari라는 전치사와 함께 쓰였고, 이러한 경우 datang은 생략될 수 있다. 〈문법편 참고 p.44〉

★ 저는 한국에서 왔습니다. Saya datang dari Korea.(= Saya dari Korea.)

★ 만나서 반갑습니다. Senang bertemu dengan Anda.

2

P Halo, nama saya Santi. Siapa nama Anda?
할로, 나마 사야 산띠, 시아빠 나마 안다?

L Saya Kim.
사야 김.

P Nama lengkapnya?
나마 룽깝냐?

L Nama lengkap saya Kim Suyoung.
나마 룽깝 사야 김 수영.

• **halo** 안녕하세요, 여보세요
• **lengkap** 완전한, 완벽한

P 안녕하세요, 제 이름은 산띠입니다. 당신의 이름은 무엇입니까?
L 저는 김입니다.
P 전체 이름은요?
L 전체 이름은 김수영입니다.

★ 전체 이름이 무엇입니까? Siapa nama lengkap Anda?

3

P Pak Lee orang mana?
빡 리 오랑 마나?

L Dia orang Korea.
디아 오랑 꼬레아.

P Pak Kim juga orang Korea?
빡 김 주가 오랑 꼬레아?

L Ya, mereka dua-duanya orang Korea.
야, 머레까 두아-두아냐 오랑 꼬레아.

• juga 역시, 또한
• dua-duanya 둘 다

P 이 선생님은 어느 나라 사람입니까?
L 그는 한국 사람입니다.
P 김 선생님도 한국 사람입니까?
L 네, 그들 둘 다 한국 사람입니다.

 잠깐만요!

★ 당신은 어느 나라 사람인가요? (상대방의 국적이나 출신 지역을 물을 때)
Anda orang mana?

★ 저는 한국 사람입니다. Saya orang Korea.

★ 그들은 둘 다 한국 사람입니다.
Mereka dua-duanya orang Korea. / Keduanya orang Korea.
dua는 '숫자 2'를 뜻한다. dua를 반복해 주고 nya를 붙이면 '둘 다'라는 뜻이 된다. 이 형태를 응용하여 '셋 다'라는 표현을 만들어 보면 tiga-tiganya이 된다. 단, satu-satunya라고 하면 '유일한'이란 뜻이 되므로 주의하자. 집합을 나타내는 다른 방법은 숫자 앞에 ke-(접두사)를 붙이는 것이다. 예를 들어 kedua, ketiga도 '둘 다', '셋 다'라는 의미다.

4

P Pak Lee, sekarang tinggal di mana?
빡 리, 스까랑 띵갈 디 마나?

L Saya tinggal di Jakarta.
사야 띵갈 디 자카르타.

P Keluarga Bapak di mana?
끌루아르가 바빡 디 마나?

L Keluarga saya tinggal di Seoul.
끌루아르가 사야 띵갈 디 서울.

Saya tinggal di sini sendiri.
사야 띵갈 디 시니 슨디리.

- sekarang 지금
- tinggal 살다
- (ada) di ~에 있다
- keluarga 가족
- sendiri 스스로, 혼자
- sini 여기

P 이 선생님, 지금 어디에 사세요?
L 저는 자카르타에 삽니다.
P 선생님 가족들은 어디에 계세요?
L 제 가족들은 서울에 있어요. 저 혼자 여기에 살고 있습니다.

★ 당신은 어디에 삽니까? Anda tinggal di mana?

★ 저는 ~에 삽니다. Saya tinggal di ~.

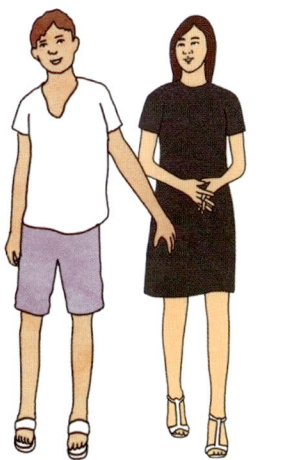

5

L Mereka orang asing?
　　머레까　　오랑　　아싱?

P Ya, mereka orang asing.
　　야,　머레까　　오랑　　아싱.

L Orang mana?
　　오랑　　마나?

P Kalau yang laki-laki, orang China.
　　깔라우　　양　　라끼-라끼,　오랑　　차이나.

　　Kalau yang perempuan, orang Amerika.
　　깔라우　　양　　뻐름뿌안,　오랑　　아메리카.

- asing 낯선, 외국의
- China, Cina 중국
- Amerika 미국

L 저 사람들은 외국인이니?
P 응, 외국인이야.
L 어느 나라 사람인데?
P 저 남자는 중국인이고, 저 여자는 미국인이야.

★ 저 남자는 중국인이야. Kalau laki-laki, orang China.
인도네시아의 화교들은 Cina(찌나)보다 China(차이나)로 불리는 것을 선호한다. Cina는 중국인을 폄하하는 의미로도 사용된 단어이기 때문에 China가 더 중립적인 표현이라고 할 수 있다.

★ 그들은 외국인입니다. Mereka orang asing.

6

L Selamat siang, Bu! Ibu tinggal di sini?

슬라맛 시앙, 부! 이부 띵갈 디 시니?

P Ya, saya baru sampai dari Korea kemarin. Kenapa?

야, 사야 바루 삼빠이 다리 꼬레아 끄마린. 끄나빠?

L Oh, ya? Ibu sudah melapor ke kantor administrasi?

오, 야? 이부 수다 멀라뽀르 끄 깐또르 아드미니스뜨라시?

P Belum. Saya harus ke mana untuk melapor?

블룸. 사야 하루스 끄 마나 운뚝 멀라뽀르?

- **bu** 여사, 부인 (Ibu의 줄임말)
- **sampai** 도착하다
- **kemarin** 어제
- **kenapa** 왜
- **melapor** 보고하다
- **kantor administrasi** 행정실, 관리실
- **harus** ~해야만 한다
- **ke mana** 어디로 (가다)

L 안녕하세요, 부인! 부인은 여기에 사시나요?
P 네, 어제 한국에서 막 도착했는데요. 왜요?
L 오, 그래요? 관리실에 신고를 했나요?
P 아니요. 신고하러 어디로 가야 하나요?

잠깐만요!

★ 제가 어디로 가야 하나요? Saya harus (pergi) ke mana?
pergi(가다)를 생략할 수 있다. 〈문법편 참고 p.43〉

★ 해외로 나가다 Ke luar negeri

입주 신고

인도네시아에서 새로 이주한 경우, 입주 신고를 의무적으로 해야 하는 경우가 있다. 특히 외국인일 경우에는 더욱 그렇다. 보통 아파트에서는 관리실에서, 주택단지에서는 동장, 통장, 반장 등에게 지정된 양식의 서류를 작성함으로써 신고를 하게 되어 있다.

Agus   Pak Kim dari mana?
빡   김   다리   마나?

Kim   Saya dari Korea. Saya orang Korea.
사야   다리   꼬레아.   사야   오랑   꼬레아.

Agus   Ibu Lee dari mana?
이부   리   다리   마나?

Lee   Saya juga orang Korea.
사야   주가   오랑   꼬레아.

Agus   Anda semua tinggal di mana?
안다   스무아   띵갈   디   마나?

Kim   Kami tinggal di Jakarta.
까미   띵갈   디   자카르타.

Agus   김 선생님은 어디에서 오셨어요?
Kim   저는 한국에서 왔어요. 한국 사람입니다.
Agus   이 선생님은 어느 나라 사람입니까?
Lee   저도 한국 사람이에요.
Agus   당신들은 어디에 살아요?
Kim   우리는 자카르타에 살아요.

・semua 모두

1 주요 전치사 di, ke, dari

인도네시아어 입문에서 매우 중요하고 활용도가 높은 세 가지 전치사는 di, ke, dari이다. 각각의
의미와 활용법을 알아보자.

1. di ~에

> ada di ~ (~에 있다) → ada 생략 가능

Buku (ada) di atas meja. 책은 책상 위에 있다.
부꾸 (아다) 디 아따스 메자.

Pak Kim tinggal di Jakarta. 김 선생님은 자카르타에 거주한다.
빡 김 띵갈 디 자카르타.

Dia belajar di rumah. 그/그녀는 집에서 공부한다.
디아 블라자르 디 루마.

2. ke ~로, ~에게

> pergi ke ~ (~로 가다) → pergi 생략 가능

Saya (pergi) ke Malaysia. 저는 말레이시아로 갑니다.
사야 (뻐르기) 끄 말레이시아.

Orang itu lapor ke direktur tentang hal itu.
오랑 이뚜 라뽀르 끄 디렉뚜르 뜬땅 할 이뚜.
저 사람은 그 문제에 대해 이사에게 보고했다.

Ibu kirim surat ke nenek. 어머니는 할머니께 편지를 보내셨다.
이부 끼림 수랏 끄 네넥.

3. dari ~로부터

> datang dari ~ (~로부터 오다) → datang 생략 가능

Beliau (datang) dari Korea. 그분은 한국에서 오셨다.
블리아우 (다땅)   다리 꼬레아.

Saya belajar banyak dari ayah saya. 저는 아버지로부터 많은 것을 배웁니다.
사야 블라자르   바냑   다리 아야   사야.

Dewi dapat uang dari kakak. 데위는 언니로부터 돈을 받았다.
데위   다빳   우앙 다리 까깍.

② 그 외 전치사

- antara ~의 사이에
- kepada ~에게
- untuk ~을 위하여
- bagi ~을 위하여, ~에 관한
- dengan ~와 함께
- tentang, mengenai ~에 관하여

Nama-nama negara

나라 이름

Korea Selatan
남한

Korea Utara
북한

Jepang
일본

China
중국

Amerika Serikat
미국

Kanada
캐나다

Prancis
프랑스

German
독일

Inggris
영국

Polandia
폴란드

Belanda
네덜란드

Mesir
이집트

Yunani
그리스

Selandia Baru
뉴질랜드

Norwegia
노르웨이

Malaysia
말레이시아

Filipina
필리핀

Singapura
싱가포르

Rusia
러시아

Mongolia
몽골

Islam, agama Indonesia

이슬람, 인도네시아의 종교

인도네시아는 세계 최대의 negara Islam(이슬람 국가)이다. 2009년의 조사에 따르면 warga negara(국민)의 88%인 2억 명이 muslim(무슬림)이다. 이슬람 경전인 Al-Quran(알 꾸란)에는 muslim으로서 행해야 하는 5대 의무에 대해 명시되어 있다.

Pertama(첫째), kepercayaan(신앙고백)이다. Muslim은 agama Islam(이슬람교)에 입문할 때, 알라는 유일신이고 모함메드는 그가 보낸 성지자라는 내용의 신앙고백을 해야 한다.

Kedua(둘째), solat(기도)이다. 모든 무슬림은 하루에 다섯 번 메카를 향해 기도해야 한다. 매주 금요일은 정오에서 2시 사이에 Masjid(마스짓)이라고 하는 이슬람 사원에서 단체로 예배를 드린다.

Ketiga(셋째), puasa(단식)이다. 이슬람력으로 9월은 Ramadan(라마단) 달이라고 하며, 단식은 이 한 달 동안 행해진다. 단식 기간 중에는 해가 뜬 직후부터 해질녘까지 makanan(음식)은 물론 air(물)이나 침을 삼키는 것조차 금지된다. 이러한 단식의 진정한 의미는 이슬람의 기본적인 규범과 원칙에 입각하여 절제와 분배의 미덕을 보전하고자 하는 정신을 일깨우는 데 있다.

Keempat(넷째), haji(순례)이다. 무슬림이라면 일생에 한 번 메카로 성지순례를 다녀와야 한다. 순례는 이슬람력으로 하지라고 하는 12월에 떠난다. Biaya(경비)가 많이 들기 때문에 경제적 여건이 허락되지 않으면 힘들 수도 있다. 많은 사람들이 평생 한 번의 haji(순례)를 위해 수년간 저축을 한다.

Kelima(다섯 째), zakat(희사)이다. 이슬람식 희사는 모든 무슬림의 종교적 의무이자 관행이다. 경제적으로 부유한 사람들은 가난한 사람들에게 부를 나누어 준다. 보통 단식이 끝나고 Lebaran(르바란)이라는 단식 축하 축제이자 이슬람 최대의 명절인 시기에 행해진다.

Quran 꾸란 | 이슬람교의 경전. 꾸란은 특정 절기나 날짜를 구별하여 축복의 날과 재앙의 날을 구분한다. 예를 들어 금요일은 가장 축복된 날이다. 그리하여 이슬람 예배인 Jumatan이 매주 금요일에 행해진다. 수요일은 재앙의 날이라 독실한 무슬림들은 수요일에 외출을 삼가고 여행을 자제한다. 또한 화요일과 토요일은 좋지 않은 날이라 여겨 되도록이면 중요한 일이나 사업과 관련된 일을 하지 않으려 한다. 무슬림들은 새로운 가게를 열 때도 목요일이나 금요일에 개업식을 하라고 조언한다.

Apa pekerjaan Anda?

당신의 직업은 무엇입니까?

- 새로운 사람을 사귀었을 때 쓸 수 있는 표현
- 부정부사 tidak, belum, bukan
- 시제 표현과 suka의 활용
- 수업 관련 단어 및 직업 이름
- 인도네시아에만 있는 직업

1

L Apa pekerjaan Anda?
아빠　뻐꺼르자안　안다?

P Saya pegawai kantor. Saya kerja di PT Korea.
사야　뻐가웨이　깐또르.　사야　꺼르자 디 뻬떼 꼬레아.

Kalau Anda?
깔라우　안다?

L Saya mahasiswa.
사야　마하시스와.

- pekerjaan 직업
- pegawai kantor
  사무직 직원, 회사원
- PT(Perseroan Terbatas)
  (Ltd) 주식회사
- kalau 만약 ~라면
- mahasiswa 대학생

L 당신의 직업은 무엇입니까?
P 저는 회사원입니다. 저는 한국 주식회사에서 일합니다. 당신은요?
L 저는 대학생입니다.

 잠깐만요!

★ 저는 회사원입니다.　Saya pegawai kantor.

★ 저는 대학생입니다.　Saya mahasiswa.

★ 저는 ~ 주식회사에서 일합니다.　Saya kerja di PT ~.

2

L Kamu kuliah di mana?

까무 꿀리아 디 마나?

P Aku kuliah di UI.

아꾸 꿀리아 디 우이.

L Apa jurusan kamu?

아빠 주루산 까무?

P Jurusan ekonomi.

주루산 에꼬노미.

> • kuliah 대학 강의를 듣다
> • UI(Universitas Indonesia)
>   인도네시아 국립대학교

L 너는 어느 대학교에 다니니?
P 나는 UI(우이)에 다녀.
L 네 전공은 뭐니?
P 경제 전공이야.

★ 어느 대학에 다니세요? Kuliah di mana?

★ 전공이 뭐예요? Apa jurusannya?

★ 예전에 어느 대학에 다니셨어요? Dulu, kuliah di mana?

★ 예전에 전공은 무엇이었나요? Dulu, jurusannya apa?

대학과 전공을 물어보는 표현에는 Kuliah di mana?와 Apa jurusannya?(= Jurusan apa?) 가 있다. 이미 졸업을 한 경우라도 위의 표현을 쓸 수 있다. 인도네시아어는 시제에 따라 동사변형이 없기 때문에 가능한 것이다. 하지만 과거임을 분명히 밝혀야 하는 경우라면, 예를 들어 학교를 옮긴 경우 등의 경우에는 '예전에'라는 의미를 가진 부사 dulu를 사용하면 된다.

3

L Pak Maman kerja apa?
빡 마만 꺼르자 아빠?

P Beliau mengajar. Beliau profesor.
블리아우 멍아자르. 블리아우 프로페소르.

L Istri Pak Maman kerja apa?
이스뜨리 빡 마만 꺼르자 아빠?

P Beliau kerja di Kedutaan Besar Korea di Jakarta.
블리아우 꺼르자 디 끄두따안 브사르 꼬레아 디 자카르타.

L Oh, beliau pegawai negeri ya?
오, 블리아우 뻐가웨이 느그리 야?

P Ya, betul.
야, 브뚤.

- mengajar 가르치다
- profesor 교수
- dosen 대학 강사
- istri 부인, 아내
- kedutaan besar 대사관
- pegawai negeri 공무원
- betul 정확한, 바른, 맞는

L 마만 선생님은 무슨 일을 하세요?
P 그분은 가르치는 일을 합니다. 그분은 교수님이세요.
L 마만 선생님 부인은 무슨 일을 하시나요?
P 그분은 자카르타에 있는 한국 대사관에서 일하십니다.
L 아, 그분은 공무원이세요?
P 네, 맞아요.

 잠깐만요!

★ 그는 무슨 일을 하나요? *Dia kerja apa?*

P Pak Kim sudah lancar berbahasa Indonesia.
빡 김 수다 란짜르 버르바하사 인도네시아.

Bapak belajar di mana?
바빡 블라자르 디 마나?

L Terima kasih.
뜨리마 까시.

Saya belajar pada guru bahasa Indonesia.
사야 블라자르 빠다 구루 바하사 인도네시아.

P Bagus. Bapak suka belajar bahasa Indonesia?
바구스. 바빡 수까 블라자르 바하사 인도네시아?

L Ya, saya suka sekali.
야. 사야 수까 스깔리.

Guru Indonesia saya sangat ramah.
구루 인도네시아 사야 상앗 라마.

> • berbahasa ~ ~ 언어를 구사하다
> • lancar 유창한
> • belajar 공부하다
> • bagus 좋은, 훌륭한, 멋진
> • suka 좋아하다, ~하는 것을 좋아하다 (추가 설명은 문법편 참고)
> • sekali 매우
> • sangat 매우
> • ramah 친절한, 친근한

P 김 선생님은 인도네시아어가 이미 유창하시네요. 어디서 배우셨어요?
L 감사합니다. 저는 인도네시아 선생님과 공부하고 있습니다.
P 좋네요. 인도네시아어 공부하는 게 좋으세요?
L 네, 아주 좋아요. 인도네시아 선생님이 매우 친절하세요.

잠깐만요!

★ 인도네시아어를 구사할 수 있나요? Anda bisa berbahasa Indonesia?

★ 영어를 구사할 수 있나요? Bisa berbahasa Inggris?

★ 저는 인도네시아어 공부하는 것을 좋아합니다. Saya suka belajar bahasa Indonesia.

기본 회화

5

P Pak Kim sudah menikah?
빡 김 수다 므니까?

L Ya, sudah.
야, 수다.

P Pak Lee juga sudah?
빡 리 주가 수다?

L Belum, dia belum menikah.
블룸, 디아 블룸 므니까.

- **sudah** 이미 ~하다
- **menikah** 결혼하다
  (= kawin)
- **belum** 아직 ~하지 않다,
  (아직) 아니요

P	김 선생님은 결혼하셨어요?
L	네, 결혼했어요.
P	이 선생님도 하셨나요?
L	아니요, 그는 미혼입니다.

잠깐만요!

❶ Sudah와 belum은 완료와 미완료의 표현이다.

Sudah menikah?(결혼했어요?)라고 묻는 질문에 sudah(했어요) 혹은 belum(아직 안 했어요)라고 대답할 수 있다. 이 경우 질문에 나와 있는 menikah(결혼하다)라는 동사가 대답에 반복적으로 나오지 않더라도 화자와 청자 둘 다 이미 인지하고 있는 사실이기 때문에 생략할 수 있다.

❷ belum과 tidak은 동사나 형용사를 부정하는 부정부사이다.

belum은 미완성의 의미를 가진 "(아직) 아니요"이고 tidak은 과거, 현재, 미래 모든 시점을 절대적으로 부정하는 "아니요"이다. 즉, belum은 과거와 현재에 대해서는 부정이지만 미래에는 계획 및 의도가 있다는 의미이다. 결혼이나 식사, 기호에 대한 질문과 답변을 보면 그 차이점이 잘 드러난다.

❸ 결혼하셨어요?

Sudah menikah? 수다 므니까?

예 **Belum, saya belum menikah.** 아니요, 저는 미혼입니다. (미래에 결혼할 예정)
  블룸.　사야　블름　　므니까.

Tidak, saya tidak menikah. 아니요, 저는 독신주의자입니다. (미래에도 결혼하지 않을 예정)
  띠닥.　사야　띠닥　　므니까.

❹ 식사하셨어요?

Sudah makan? 수다 마깐?

예 **Belum, saya belum makan.** 아니요, 아직 안 먹었어요. (나중에 식사할 예정)
  블룸.　사야　블룸　마깐.

Tidak, saya tidak makan hari ini. 아니요, 오늘 저는 금식합니다. (하루 종일 먹지 않을 예정)
  띠닥.　사야　띠닥　마깐　하리 이니.

Tidak은 구어체에서 nggak[응각], 줄여서 gak[각]이라고도 한다. 주로 젊은 층에서 이러한 구어체를 많이 사용한다.

❺ 돼지고기를 드시나요?

Anda makan daging babi? 안다 마깐 다깅 바비?

예 **Tidak, saya tidak makan daging babi karena Muslim.**
  띠닥.　사야　띠닥　마깐　다깅　바비　까르나　무슬림.

아니요, 저는 무슬림이기 때문에 돼지고기를 먹지 않습니다.

(참고: 무슬림은 종교적인 이유로 돼지고기를 먹지 않는다.)

❻ 당신은 대학생입니까?

Anda mahasiawa? 안다 마하시스와?

예 **Bukan, saya karyawan.** 아니요, 저는 회사원입니다.
  부깐.　사야　까리야완.

bukan은 명사를 부정하는 부정부사이다.

P Bapak orang Jepang?
바빡 오랑 즈빵?

L Bukan, saya orang Korea. Nama saya Kim Suyoung.
부깐, 사야 오랑 꼬레아. 나마 사야 김 수영.

P Senang sekali bertemu dengan Bapak. Nama saya Ika.
스낭 스깔리 버르뜨무 등안 바빡. 나마 사야 이까.

Bapak sudah lancar berbahasa Indonesia.
바빡 수다 란짜르 버르바하사 인도네시아.

L Belum begitu lancar.
블룸 브기뚜 란짜르.

P Pak Kim tinggal di mana?
빡 김 띵갈 디 마나?

L Saya tinggal di Jakarta.
사야 띵갈 디 자카르타.

P Pak Kim kerja apa?
빡 김 꺼르자 아빠?

L Saya pekerja PT Korea. Ibu Ika juga karyawan?
사야 뻐꺼르자 뻬떼 꼬레아. 이부 이까 주가 까리야완?

P Bukan, saya dokter.
부깐, 사야 독떠르.

> • begitu 그다지

P 일본인이신가요?
L 아니요, 한국인입니다. 제 이름은 김수영입니다.
P 선생님과 만나 뵙게 되어 정말 반갑습니다. 제 이름은 이까입니다. 인도네시아어를 잘하시네요.
L 아직 그다지 잘하지 못합니다.
P 김 선생님은 어디에 사세요?
L 저는 자카르타에 살고 있습니다.
P 무슨 일을 하세요?
L 저는 코리아 주식회사의 직원입니다. 당신도 회사원인가요?
P 아니요, 저는 의사입니다.

1 시제 표현

인도네시아어는 시제에 따라 동사의 변화가 없기 때문에, 시제를 꼭 밝혀야 하는 상황에서는 조동사나 부사로 확실히 해 준다.

1. 시제 표현 조동사

과거형:	**sudah** (이미 ~한)
현재진행형:	**sedang** (~하는 중)
미래형:	**akan** (~할 것이다)

조동사는 주어와 동사의 사이에 위치한다. 즉, 동사의 앞에 온다.

주어 + 조동사 + 동사

가령, '가다'라는 뜻의 동사 pergi와 '먹다'라는 뜻의 동사 makan을 시제별로 과거형, 현재진행형, 미래형으로 표현하면 다음과 같다.

기본형	**pergi**	가다
과거형	**sudah** pergi	갔다
현재진행형	**sedang** pergi	가고 있다
미래형	**akan** pergi	갈 것이다

기본형	**makan**	먹다
과거형	Saya **sudah** makan.	나는 이미 밥을 먹었다.
현재진행형	Saya **sedang** makan.	나는 밥을 먹고 있다.
미래형	Saya **akan** makan.	나는 밥을 먹을 것이다.

2. 시제 표현 부사

부사는 문장의 맨 앞이나 맨 뒤에 온다. 종종 조동사 위치에 오기도 한다.

> 부사 + 주어 + 동사
>
> 주어 + 동사 + 부사
>
> 주어 + 부사 + 동사

dulu(전에), waktu itu(그때), tadi(아까), nanti(나중에), besok(내일), baru(방금, 막) 등 시간을 나타내는 부사를 언급하면 그 시점에 맞는 시제의 문장으로 변한다. 즉, '내일'이란 의미의 besok을 쓰면 미래형 문장으로 '어제'라는 의미의 kemarin을 쓰면 과거형 문장으로 '현재, 지금' 이란 의미의 sekarang을 쓰면 현재형 문장이 된다.

Besok pulang? 내일 돌아가니?
베속　　　뿔랑?

Dia pergi ke Singapura kemarin. 그는 어제 싱가폴에 갔습니다.
디아 뻐르기 끄 　싱아뿌라 　　꼬마린.

Pak Kim bekerja sekarang. 김 선생님은 지금 일하고 있다.
빡　 김　 버꺼르자 　스까랑.

Dulu, saya pegawai negeri. 예전에 저는 공무원이었습니다.
둘루 사야 　뻐가와이 느그리.

Waktu itu, saya jumpa dia. 그때, 저는 그를 만났습니다.
왁뚜 이뚜, 사야 줌빠 디아.

Tadi, saya minum jus apel. 아까 저는 사과 주스를 마셨습니다.
따디 사야 　미눔 주스 아쁠.

Saya akan kirim barang nanti. 나중에 제가 물건을 보내겠습니다.
사야 아깐 끼림 바랑 난띠.

Saya baru datang. 저는 방금 왔어요.
사야 바루 다땅.

> - pulang 귀가하다, 돌아가다, 돌아오다
> - kirim 보내다
> - barang 물건

2 suka의 활용

1. suka(좋아하다, 마음에 들다) + 명사 : ~를 좋아하다

Dia suka mobil ini. 그는 이 차를 좋아한다.
디아 수까 모빌 이니.

Dia suka Indonesia. 그는 인도네시아를 좋아한다.
디아 수까 인도네시아.

┌ Anda suka rumah ini? 당신은 이 집이 좋습니까?
│ 안다 수까 루마 이니?
└ Ya, saya sangat suka. 네, 저는 매우 좋습니다.
  야, 사야 상앗 수까.

┌ Bapak suka baju ini? 선생님께서는 이 옷이 좋습니까?
│ 바빡 수까 바주 이니?
└ Ya, lumayan. 네, 괜찮네요.
  야, 루마얀.

> • mobil 차, 자동차
> • rumah 집
> • baju 옷
> • lumayan 괜찮다, 꽤
> • senang 좋아하다, 기쁜
> • betah 견디다, 적응하다
> • puas 만족하다
> • masak 요리하다
> • berenang 수영하다

2. suka + 동사 : ~하는 것을 좋아하다 (동의어: senang)

┌ Kamu senang tinggal di Indonesia? 너는 인도네시아에 사는 것이 좋니?
│ 까무 수까 띵갈 디 인도네시아?
└ Ya, betah. Puas. 응, 잘 맞아. 만족해
  야, 브따. 뿌아스.

Kamu suka masak? 너는 요리하는 것을 좋아하니?
까무 수까 마삭?

Kamu suka berenang? 수영하는 것을 좋아하니?
까무 수까 버르낭?

Pelajaran
수업

- [ ] ruang kelas 교실
- [ ] ruang kuliah 강의실
- [ ] menulis 쓰다 
- [ ] tingkat/kelas 학년
- [ ] semester 학기
- [ ] kuliah 강의
- [ ] dosen 강사, 교수
- [ ] guru 교사, 선생
- [ ] profesor 교수
- [ ] makalah 리포트

- [ ] bertanya 질문하다
- [ ] menjawab 대답하다
- [ ] mata kuliah 과목
- [ ] pelajar/siswa 학생
- [ ] mahasiswa 대학생

보너스 단어 학용품 및 학교

buku 책 | buku tulis 노트 | pensil 연필 | bulpen 볼펜 | penghapus 지우개 | kotak pensil 필통 |

gedung Sekolah 학교 건물 | Sekolah Dasar(SD) 초등학교 | Sekolah Menengah Pertama(SMP) 중학교 |

Sekolah Menengah Atas(SMA) 고등학교 | Universitas 대학교 | kampus 캠퍼스

Pekerjaan

직업

penulis
작가

dokter
의사

perawat
간호사

pramugari
여승무원

penyanyi
가수

olahragawan
운동 선수

wartawan
기자

pemadam kebakaran
소방관

pembaca berita
아나운서

sopir
운전기사

pegawai kantor
사무직 직원, 회사원

karyawan
회사원

pelayar
선원

pemandu wisata
관광 가이드

pegawai pos / Pak Pos
집배원

teler
은행원

pelayan
종업원

model
모델

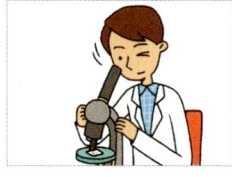
saintis
과학자

desainer
디자이너

Pekerjaan yang hanya ada di Indonesia

인도네시아에만 있는 직업

Ojek payung 우산 빌려주는 사람 | 비 오는 날에 payung(우산) 없이 mobil(차)에서 내렸는데 건물까지 좀 걸어야 한다면, 어느 샌가 ojek payung이 다가와 있을 것이다. 그들은 비 오는 날 우산을 가지고 다니면서 사람들에게 우산을 씌워 주는 일을 하는 사람들이다. 그들의 행동이 memaksa(강제적)이지 않기 때문에 원하지 않는다면 "Tidak mau.(원치 않습니다)"라고 말하면 된다. Tapi(하지만), 정말 우산이 perlu(필요)할 때 그들의 bantuan(도움)을 받는다면 이보다 더 편할 수 없다. 물론 약간의 돈을 지불해야 한다.

Pak ogah 민간 교통정리원 | Jalan gang(골목길)의 교차로에서 lalu lintas(교통)정리하는 사람이 있다. Polisi(경찰)도 아니고 pegawai negeri(공무원)는 더더욱 아니다. 그들은 biasanya(주로) 골목에서 교통정리를 해 주고, 그 대가로 통행하는 차들로부터 일정한 금액의 uang(돈)을 받는다. 인도네시아는 kota(도시) 중심지의 교통 체증이 매우 심하기 때문에 지름길로 가려는 차들이 많고, 이러한 차들 때문에 골목길도 macet(막히는) 경우가 많다. 이때 골목길에서 차량들의 흐름이 lancar(원활)하도록 교통정리를 해 주는 고마운 사람이 Pak ogah이다.

Pengamen 거리의 악사 | Nyanyi(노래)를 불러 주고 돈을 구걸하는 사람이다. Sendiri(손수) 만든 허술해 보이는 instrumen(악기)을 들고 warung(작은 식당)이나 신호 대기 중인 차들이 늘어서 있는 교차로, 혹은 bis(버스) 안에서 주로 노래한다. 노래를 잘하는 pengamen도 있지만, kebanyakan(대부분) 실력이 그리 뛰어나지는 않다. 당신의 차가 교차로에서 신호 대기 중인데 pengamen이 다가와 노래를 한다면, 선택을 해야 한다. 돈을 줄 생각이 없다면 tangan kanan(오른손)을 들어 손바닥을 보이며 "Sudah(됐다)."라는 의사 표시를 해야 그냥 지나쳐 갈 것이다. 그대로 계속 노래를 dengar(듣다)하고 있는 것은 그들에게 돈을 줄 생각이 있다는 무언의 janji(약속)이다.

Tukang jamu 자무 판매원 | Jamu란 인도네시아 tradisional(전통) 약재로 만든 jus kesehatan(건강 주스)이다. 식물을 bahan(원료)으로 건강에 좋은 재료로 만든 주스인데, 동네마다 jamu를 만들어 punggung(등)에 지고 판매하는 아주머니들이 있다. 이들은 어디가 sakit(아프다)일 때 어떤 성분을 먹어야 하는지 친절히 saran(조언)도 해 주면서 jamu를 판매한다. 민간요법에도 꽤 정통한 사람들이다.

Keluarga Saya

나의 가족

- 가족 관계와 결혼
- 숫자, 지시대명사 ini와 itu, punya 동사의 활용
- 가족 명칭

1

L Apa ini?
아빠 이니?

P Ini foto keluarga saya.
이니 포토 끌루아르가 사야.

L Ini siapa?
이니 시아빠?

P Ini adik saya.
이니 아딕 사야.

L Oh, adikmu sangat mirip dengan kamu.
오, 아딕무 상앗 미립 등안 까무.

- foto 사진
- keluarga 가족
- adik 동생
- sangat 매우
- mirip 닮다

L	이것은 무엇이니?
P	이것은 제 가족사진입니다.
L	이 사람은 누구야?
P	이 사람은 제 동생입니다.
L	오, 네 동생은 너와 매우 닮았구나.

잠깐만요!

★ 이것은 무엇입니까? Ini apa? = Apa ini?

★ 이 사람은 누구입니까? Ini siapa? = Siapa ini?

2

P Siapa ini?
시아빠 이니?

L Ini ayah saya, dan ini ibu saya.
이니 아야 사야, 단 이니 이부 사야.

P Orang tua kamu masih muda. Ini kakak laki-lakimu?
오랑 뚜아 까무 마시 무다. 이니 까깍 라끼-라끼무?

L Ya, betul.
야, 브뚤.

- **ayah** 아버지
- **ibu** 어머니
- **masih** 여전히, 아직
- **kakak laki-laki** 오빠, 형

P 이 분은 누구시니?
L 이 분은 제 아버지이고, 이분은 제 어머니입니다.
P 너희 부모님은 아직 젊으시구나. 이 사람은 네 형이니?
L 네, 맞아요.

★ 이 분은 제 아버지입니다. Ini ayah saya.

★ 이 사람이 네 형이니? Ini kakak laki-lakimu?

kakak는 '형, 누나, 언니, 오빠' 모두를 뜻하는 단어이다. 손위의 형제나 자매의 성별을 더 정확히 표현하고 싶다면 kakak에 laki-laki(남자) 혹은 perempuan(여자)을 붙이면 된다.
- kakak laki-laki 형, 오빠
- kakak perempuan 누나, 언니

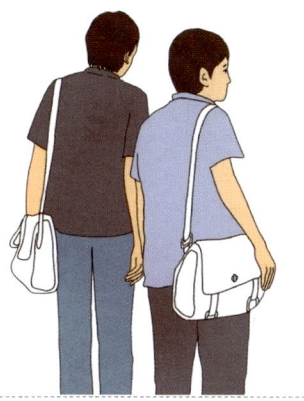

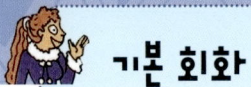

3

L　Anda sudah berkeluarga?
　　안다　수다　버르끌루아르가?

P　Ya, sudah.
　　야,　수다.

L　Kapan menikah?
　　까빤　므니까?

P　Tiga tahun yang lalu.
　　띠가　따훈　양　랄루.

L　Punya anak juga?
　　뿌냐　아낙　주가?

P　Ya, saya punya satu anak laki-laki dan
　　야,　사야　뿌냐　사뚜　아낙　라끼-라끼　단

satu anak perempuan.
사뚜　아낙　뻐름뿌안.

- berkeluarga 결혼하다, 가족을 가지다
- kapan 언제
- menikah 결혼하다
- yang lalu 지난
- buah (수량사) ~ 개, ~ 대, ~ 권, ~ 채

L　결혼하셨나요?
P　네, 했습니다.
L　언제 결혼하셨어요?
P　3년 전에 했어요.
L　아이도 있으세요?
P　네, 아들 한 명, 딸 한 명이 있습니다.

 잠깐만요!

★ 결혼하셨어요?
　Anda sudah berkeluarga?
　Anda sudah menikah?
　Anda sudah kawin?
　menikah는 정중한 표현이고, kawin은 친구나 손아랫사람과 이야기할 때 쓰는 표현이다.

★ 언제 결혼하셨어요?
　Kapan menikah?
　Kapan kawin?

★ 작년에 결혼했어요.
　Saya menikah tahun yang lalu.
　Saya menikah tahun kemarin.

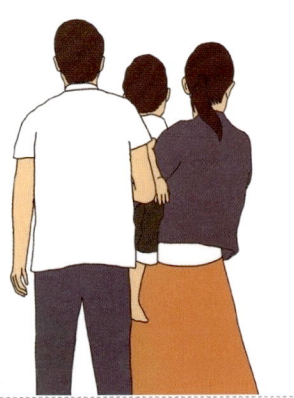

4

P Pak Kim punya berapa saudara?
빡　김　뿌냐　버라빠　소다라?

L Saya punya seorang adik laki-laki.
사야　뿌냐　스오랑　아딕　라끼-라끼.

P Dia kerja apa?
디아　꺼르자　아빠?

L Dia masih mahasiswa.
디아　마시　마하시스와.

- mahasiswa 대학생
- mahasiswi 여대생
- masih 여전히, 아직

P 김 선생님은 형제가 몇 명 있습니까?
L 저는 남동생이 한 명 있습니다.
P 그는 무슨 일을 하나요?
L 그는 아직 대학생입니다.

잠깐만요!

★ 직업이 무엇입니까?
Anda kerja apa?
Apa pekerjaan Anda?

★ 몇 명의 형제가 있습니까? Punya berapa saudara?

★ 몇 명의 아이가 있습니까? Punya berapa anak?

기본 회화

5

P Pak Kim, anak keberapa?

빡 김, 아낙 끄버라빠?

L Saya anak pertama. Mbak Dewi?

사야 아낙 뻐르따마. 음박 데위?

P Oh, Bapak anak sulung ya?

오, 바빡 아낙 술룽 야?

Saya anak ketiga. Saya anak bungsu.

사야 아낙 끄띠가. 사야 아낙 붕수.

L Oh, begitu.

오, 브기뚜.

- anak pertama 첫아이
- anak sulung 맏이
- ketiga 세 번째
- anak bungsu 막내

P 김 선생님, 몇 째세요?

L 저는 첫째입니다. 데위 양은요?

P 맏이시군요. 저는 셋째입니다. 저는 막내예요.

L 오, 그렇군요.

★ 몇 째세요? Anda anak keberapa?

6

P Pak Kim, ini foto keluarga Bapak?
빡 김, 이니 포토 끌루아르가 비빡?

L Ya, waktu saya kecil.
야, 왁뚜 사야 끄찔.

P Bapak sangat mirip dengan ayah ya?
바빡 상앗 미립 등안 아야 야?

L Ya, wajah saya mirip dengan ayah,
야, 와자 사야 미립 등안 아야,

tetapi sifatnya mirip dengan ibu.
뜨따삐 시팟냐 미립 등안 이부.

- foto 사진
- waktu 때, 시간
- mirip 닮다, 비슷하다
- wajah 얼굴 (=muka)
- tetapi 하지만
- sifat 성격, 특징

P 김 선생님, 이것은 선생님의 가족사진인가요?
L 네, 제가 어렸을 때입니다.
P 선생님은 아버지를 매우 닮았네요?
L 네, 얼굴은 아버지와 닮았는데, 성격은 어머니를 닮았어요.

잠깐만요!

★ 그는 그의 아버지와 매우 닮았다. Dia sangat mirip dengan ayahnya.

★ 그 차는 매우 비싸다. Mobil itu sangat mahal.
sangat은 '매우'라는 뜻의 부사이며 주어와 동사 사이에 위치한다.

P Ini foto pernikahan Pak Kim ya?
이니 포토 뻐르니까한 빡 김 야?

L Ya, betul.
야, 브뚤.

P Kapan menikah?
까빤 므니까?

L Tahun yang lalu.
따운 양 랄루.

P Ada anak juga?
아다 아낙 주가?

L Belum, saya belum punya anak.
블룸, 사야 블룸 뿌냐 아낙.

P Pak Kim sangat mirip dengan istrinya.
빡 김 상앗 미립 등안 이스뜨리냐.

P 이것은 김 선생님의 결혼사진이네요?
L 네, 맞아요.
P 언제 결혼하셨어요?
L 작년에요.
P 아이도 있으세요?
L 아니요, 아직 없어요.
P 아내와 많이 닮으셨네요.

① 숫자

1. 기수

0	1	2	3	4
kosong/nol 꼬송 / 놀	satu 사뚜	dua 두아	tiga 띠가	empat 음빳
5	**6**	**7**	**8**	**9**
lima 리마	enam 으남	tujuh 뚜주	delapan 들라빤	sembilan 슴빌란
10	**11**	**12**	**13**	**14**
sepuluh 스뿔루	sebelas 스블라스	dua belas 두아 블라스	tiga belas 띠가 블라스	empat belas 음빳 블라스
15	**20**	**50**	**100**	**1.000**
lima belas 리마 블라스	dua puluh 두아 뿔루	lima puluh 리마 뿔루	seratus 스라뚜스	seribu 스리부
10.000	**100.000**	**1.000.000**	**10.000.000**	**억**
sepuluh ribu 스뿔루 리부	seratus ribu 스라뚜스 리부	satu juta 사뚜 주따 (sejuta)	sepuluh juta 스뿔루 주따	miliar 밀리아르
조				
triliun 뜨릴리운				

- 10, 100, 1.000에서와 같이 1은 주로 se-접사로 표기된다. Se-는 접사이므로 띄어쓰기를 하지 않아도 된다.
- 10의 자리의 숫자(11~19)에는 belas가 붙는다.
- 인도네시아에서는 소수점과 쉼표의 사용이 한국과 반대이다. 천 단위마다 소수점을 쓰고 0 이하의 소수 표현에는 쉼표를 쓴다. 소수점은 titik(띠띡)이라고 읽고, 쉼표는 koma(꼬마)라고 읽는다. 예를 들어, 소수점 1.2는 인도네시아에서 1,2라고 표기한다. 읽는 방법은 satu koma dua이다.
- 천(1.000)을 하나씩 풀어 읽으면 satu titik kosong kosong kosong이다.

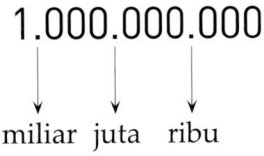

1.000.000.000

miliar juta ribu

miliar(십억), juta(백만) ribu(천)의 자리에 각각 소수점가 있다. 인도네시아어로 숫자 읽기 방법을 잘 기억하기 위해 위의 miliar, juta, ribu가 각 점의 이름이라고 간주하자. 각 점을 중심으로 왼쪽의 숫자를 읽고, 각 점의 이름을 읽는 방식으로 연습하는 것이 효과적이다.

예
- 2.000 → dua ribu (점 앞의 숫자 2(dua)를 읽은 후 점(.)의 이름인 ribu를 읽으면 된다.)
- 12.000 → dua belas ribu (점 앞의 숫자 12(dua belas)를 읽은 후 점(.)을 읽자.)
- 4.600.000 → empat juta enam ratus ribu (점이 두 개일 때는 왼쪽부터 읽는다.)

읽기 연습

5 → lima

28 → dua puluh delapan

130 → seratus tiga puluh

365 → tiga ratus enam puluh lima

700.000 → tujuh ratus ribu

1M → satu M (십억을 줄여서 [사뚜 엠]이라고 표현할 때도 있다.)

---

2. 서수

서수에서는 첫째 pertama만 잘 외워 두자. 둘째, 셋째부터는 기수 앞에 ke- 접사만 붙이면 된다.

첫째	둘째	셋째	넷째	다섯째
pertama 뻐르따마	kedua 끄두아	ketiga 끄띠가	keempat 끄음빳	kelima 끄리마
여섯째	**일곱째**	**여덟째**	**아홉째**	**열째**
keenam 끄으남	ketujuh 끄뚜주	kedelapan 끄들라빤	kesembilan 끄슴빌란	kesepuluh 끄스뿔루

3. 수와 관련된 단어

많은	얼마	약간, 조금	몇몇의
banyak 바냑	berapa 버라빠	sedikit 스디낏	beberapa 버버라빠

Ada banyak orang. 많은 사람이 있다.

Ada berapa orang? 몇 명이 있습니까?

Ada sedikit orang. 사람이 조금 있습니다.

Ada beberapa orang. 몇몇 사람이 있습니다.

4. 수량사

~ 명	~ 마리	~ 개, 대, 권, 채	~ 잔(유리잔)
orang 오랑	ekor 에꼬르	buah 부아	gelas 글라스

~ 병	~ 장	~ 알	~ 잔(머그잔)
botol 보똘	helai 훌라이	butir 부띠르	cangkir 짱끼르

2 지시대명사 ini와 itu

인도네시아에서 매우 빈번하게 사용되는 ini와 itu는 지시대명사이자 지시형용사이다. 그러므로 혼자 쓰일 수도 있고, 다른 명사를 꾸며 주는 역할로 쓰일 수도 있다.

1. 지시대명사의 종류

❶ ini : 이것, 이 사람, 이 ~

> ini   –   buku ini   –   orang ini
> 이것/이 사람   이 책   이 사람

Ini / sepeda. 이것은 자전거입니다. (지시대명사)
이니   스뻬다.

Ini / orang Indonesia. 이 사람은 인도네시아 사람입니다.
이니   오랑   인도네시아.

Rumah ini / besar. 이 집은 큽니다. (지시형용사)
루마   이니   브사르.

Orang ini / rajin. 이 사람은 부지런합니다.
오랑   이니   라진.

> - sepeda 자전거
> - rajin 부지런하다
> - jalan 길
> - sempit 좁다
> - guru 선생님
> - tinggi (키가) 크다, (건물이) 높다
> - tas 가방
> - siapa 누구

❷ itu : 저것, 저 사람, 저 ~ (그것, 그 사람, 그 ~)

itu –	buku itu –	orang itu
저것/저 사람	저 책	저 사람

Itu / meja. 저것은 책상입니다. (지시대명사)
이뚜   메자.

Itu / teman saya. 저 사람은 나의 친구입니다.
이뚜   뜨만   사야.

Jalan itu / sempit. 저 길은 좁습니다. (지시형용사)
잘란   이뚜   슴삣.

Guru itu / tinggi. 저 선생님은 키가 큽니다.
구루 이뚜   띵기.

2. 지시대명사의 어순

지시대명사의 어순은 의문문, 평서문과 같은 문장의 종류에 영향을 받지 않는다. 의문문일 경우 끝만 올려 준다.

Ini / tas Anda. 이것은 당신의 가방입니다. (평서문)
이니   따스   안다.

Ini / tas Anda? 이것은 당신의 가방입니까? (의문문)
이니   따스   안다?

Itu / Pak Kim. 저 사람이 김 선생님입니다. (평서문)
이뚜   빡   김.

Itu / Pak Kim? 저 사람이 김선생님입니까? (의문문)
이뚜   빡   김?

의문문에서 지시대명사는 문장의 맨 앞이나 맨 뒤에 자유롭게 위치한다.

Ini / berapa? (= Berapa / ini?) 이것은 얼마입니까?
이니   버라빠?

Itu / siapa? (= Siapa / itu?) 저 사람은 누구입니까?
이뚜   시아빠?

3 punya : 소유하다, ~의 것, ~의 소유

Dia punya saudara. 그(그녀)는 형제가 있다.
디아   뿌냐   소다라.

Dia punya kakak perempuan. 그(그녀)는 누나(언니)가 있다.
디아   뿌냐   까깍   뻐름뿌안.

Kamu punya mobil? 너는 자동차가 있니?
까무   뿌냐   모빌?

Saya punya sebuah mobil. 저는 차 한 대가 있습니다.
사야   뿌냐   스부아   모빌.

Buku ini punya saya. 이 책은 제 것입니다.
부꾸 이니 뿌냐   사야.

Keluarga

가족

☐ ayah suami
시아버지

☐ ibu suami
시어머니

☐ mertua 시부모

☐ ayah istri
장인

☐ ibu istri
장모

☐ keponakan
조카

☐ menantu
perempuan
며느리

☐ menantu
laki-laki
사위

☐ anak laki-laki 아들

☐ anak perempuan 딸

☐ suami istri
남편 – 아내(부부)

☐ kakek 할아버지

☐ nenek 할머니

☐ ayah 아버지

☐ ibu 어머니

☐ orang tua 부모님

보너스 단어

saudara 형제, 자매 | adik perempuan 여동생 | adik laki-laki 남동생 | kakak menengah 작은형, 작은언니 | kakak / kakak laki-laki / kakak perempuan 형, 오빠, 누나, 언니 | kakak sulung 큰형, 큰언니 | paman / kakaknya ayah 큰아버지 | paman/adiknya ayah 작은아버지 | paman 삼촌 | paman dari sebelah ibu 외삼촌 | tante dari sebelah ayah 고모 | tante dari sebelah ibu 이모 | adik 동생 | cucu 손자, 손녀 | sepupu 사촌형제, 사촌자매 | kakak ipar 형부, 형수, 처형 | adik laki-laki istri 처남 | suami kakak perempuan 매부 | adik ipar 시동생, 매제, 제수씨, 시누이 | istri adik 시동생, 매제, 제수씨, 시누이 | adik/kakak perempuan suami 시누이 | sepupu 이종사촌

PELAJARAN

05

Waktu

시간

- 시간, 요일, 날짜에 관한 표현
- 수량사 및 시간 관련 표현
- 라마단(금식월)

1

L Hari ini hari apa?

하리 이니. 하리 아빠?

P Hari ini hari Jumat.

하리 이니. 하리   주맛.

L Kalau gitu, besok hari Sabtu ya?

깔라우   기뚜,   베속   하리   삽뚜   야?

- hari ini 오늘
- hari Jumat 금요일
- hari Sabtu 토요일
- kalau ~라면
- gitu 그러하다 (= begitu)

L 오늘은 무슨 요일인가요?
P 오늘은 금요일입니다.
L 그렇다면, 내일은 토요일이네요?

★ 오늘은 무슨 요일입니까? Hari ini hari apa?
gitu는 begitu의 구어체이다. 요일 및 월 이름의 첫 글자는 항상 대문자로 쓴다.

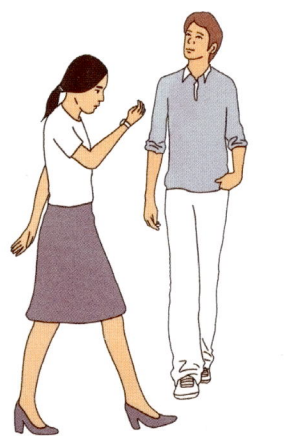

2

P Hari ini tanggal berapa?

하리 이니 땅갈 버라빠?

L Hari ini tanggal 30 Juli.

하리 이니 땅갈 띠가 뿔루 줄리.

P Bulan Juli ada 31 hari ya?

불란 줄리 아다 띠가 뿔루 사뚜 하리 야?

- **tanggal** 일 (숫자와 쓰임)
- **hari** 요일, 날 (숫자 외의 단어와 쓰임)
- **Juli** 7월

> **P** 오늘은 며칠인가요?
> **L** 오늘은 7월 30일입니다.
> **P** 7월이 31일까지 있죠?

★ 오늘은 며칠인가요? Hari ini tanggal berapa?

7월 30일은 "30 Juli"라고 말한다.

3

L Hari ulang tahun Anda kapan?
하리 울랑 따운 안다 까빤?

P Saya lahir tanggal 3 Januari 1985.
사야 라히르 땅갈 띠가 자누아리 스리부 슴빌란 라뚜스 들라빤 뿔루 리마.

L Oh, hari ulang tahun Anda sudah dekat.
오, 하리 울랑 따운 안다 수다 드깟.

Selamat ya, ulang tahun minggu depan.
슬라맛 야, 울랑 따운 밍구 드빤.

- hari ulang tahun 생일
- tahun 해, 년

L 당신의 생일은 언제입니까?
P 저는 1985년 1월 3일에 태어났습니다.
L 오, 당신의 생일이 이미 가까워졌네요. 다음 주 생일을 축하해요.

★ 당신의 생일은 언제입니까?
　Hari ulang tahun Anda kapan?

★ 제 생일은 1월 3일입니다.
　Hari ulang tahun saya 3 Januari.
　tahun의 h는 묵음에 가까우므로 [따운]이라고 발음한다.

★ 저는 1985년 1월 3일에 태어났습니다.
　Saya lahir pada tanggal 3 Januari 1985.
　'년, 월, 일'을 말하고 싶다면 tanggal bulan tahun의 순서를 기억하자. 인도네시아에서는 날짜
　를 말할 때 '일, 월, 년'의 순서로 말하고 tanggal(일), bulan(월), tahun(년)을 숫자 앞에 쓴다.
　날짜를 말하는 방법에 대해서는 〈문법편 p.83〉의 추가 설명을 참고하자.

P Jam berapa sekarang?

잠   버라빠   스까랑?

L Sekarang jam 7.30(tujuh tiga puluh).

스까랑   잠   뚜주 띠가 뿔루.

P Jam berapa toko itu tutup?

잠   버라빠   또꼬 이뚜   뚜뚭?

L Toko itu tutup jam 10.00(sepuluh).

또꼬 이뚜 뚜뚭   잠   스뿔루.

P Oke, nanti jam delapan kita berangkat yuk!

오케,   난띠   잠   들라빤   끼따   버랑깟   육!

- sekarang 지금
- setengah 반, 30분
- jam 시간
- toko 가게
- tutup 닫다
- nanti 나중에
- berangkat 출발하다
- yuk (권유) ~하자

P 지금 몇 시야?
L 지금 7시 30분이야.
P 그 가게 몇 시에 닫지?
L 10시에 닫아.
P 오케이, 나중에 8시에 우리 출발하자!

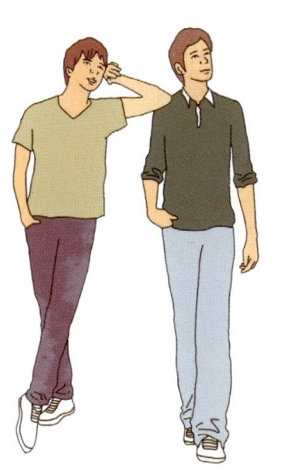

★ 지금 몇 시입니까? Jam berapa sekarang? / Sekarang jam berapa?
   sekarang은 부사이므로 문장의 앞뒤에 자유롭게 올 수 있다.

★ 지금은 7시 30분입니다.
   Sekarang Jam 7.30.
   Sekarang setengah delapan.

★ 그 가게는 몇 시에 닫습니까? Jam berapa toko itu tutup?

★ 시간의 구분
   Pagi(새벽)   : 00.00 ~ 5.00
   Pagi(아침)   : 5.00 ~ 10.00
   Siang(점심) : 10.00 ~ 15.00
   Sore(오후)   : 15.00 ~ 18.00
   Malam(저녁) : 18.00 ~ 00.00

기본 회화

5

L   Pak Kim sudah lancar berbahasa Indonesia!
빠   김   수다   란짜르   버르바하사   인도네시아!

P   Terima kasih, tapi tidak juga.
뜨리마   까시.   따삐   띠닥   주가.

Bahasa Indonesia makin susah.
바하사   인도네시아   마낀   수사.

L   Berapa lama Bapak tinggal di Jakarta?
버라빠   라마   바빡   띵갈   디   자카르타?

P   Saya tinggal di sini selama 2(dua) tahun.
사야   띵갈   디 시니   슬라마   두아   따운.

- berbahasa Indonesia
  인도네시아어를 구사하다
- lancar 유창하다
- tapi 하지만
  (tetapi의 줄임말)
- makin 점점
- susah 어렵다
- berapa lama 얼마나 오래
- tinggal 살다
- selama ~동안

L   김 선생님 인도네시아어가 벌써 유창하시네요!
P   고맙습니다. 하지만 그렇지도 않아요. 인도네시아어는 점점 어려워요.
L   선생님은 자카르타에 얼마나 오래 살았나요?
P   저는 이곳에 2년간 살았습니다.

잠깐만요!

★ 당신은 인도네시아어를 유창하게 구사하네요.   Anda lancar berbahasa Indonesia.

★ 인도네시아어는 점점 어려워요.   Bahasa Indonesia makin susah.

★ 당신은 자카르타에 얼마나 오래 살았습니까?   Berapa lama Anda tinggal di Jakarta?

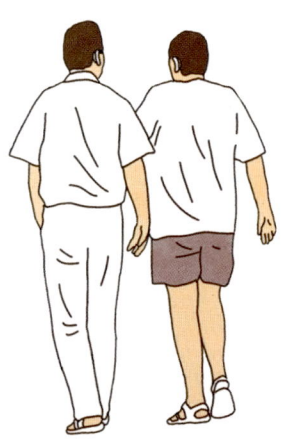

6

P Pertemuan kita pada minggu keberapa ya?

뻐르뜨무안 끼따 빠다 밍구 끄버라빠 야?

L Minggu kedua kan? Setiap hari Jumat minggu kedua.

밍구 끄두아 깐? 스띠압 하리 주맛 밍구 끄두아.

P Oh, ya? Bukan minggu ketiga?

오, 야? 부깐 밍구 끄띠가?

L Bukan, setahu saya begitu.

부깐, 스따후 사야 브기뚜.

- pertemuan 모임
- ke berapa 몇 째
- setiap 매
- minggu kedua 둘째 주
- minggu ketiga 셋째 주
- setahu 알기로는

P 우리 모임이 몇 째 주이지?

L 둘째 주 아니야? 매 둘째 주 금요일.

P 오, 그래? 셋째 주가 아니고?

L 응, 내가 알기로는 그래.

잠깐만요!

★ 제가 알기로는 그렇습니다. Setahu saya begitu.

★ 제가 알기로는 김 선생님은 기혼입니다. Setahu saya, Pak Kim sudah menikah.

P Jam berapa Pak Kim masuk kerja?

잠 버라빠 빡 김 마숙 꺼르자?

L Jam 8 pagi saya masuk kerja.

잠 들라빤 빠기 사야 마숙 꺼르자.

P Kalau begitu, jam berapa pulang?

깔라우 브기뚜, 잠 버라빠 뿔랑?

L Pada jam 7 malam.

빠다 잠 뚜주 말람.

P Berarti, Pak Kim kerja 11 jam sehari. Tidak cape?

버르아르띠, 빡 김 꺼르자 스블라스 잠 스하리. 띠닥 짜뻬?

L Tidak. Itu biasa bagi semua karyawan.

띠닥. 이뚜 비아사 바기 스무아 까리야완.

> **P** 김 선생님은 몇 시에 출근하세요?
> **L** 저는 아침 8시에 출근해요.
> **P** 그럼 퇴근은 언제 하세요?
> **L** 저녁 7시에 퇴근합니다.
> **P** 그 뜻은, 김 선생님은 하루에 11시간을 일하신다는 거네요. 피곤하지 않으세요?
> **L** 아니요. 모든 회사원들의 일상이죠.

> • masuk kerja 출근하다
> • pulang (kerja) 퇴근하다. 귀가하다
> • berarti 의미하다

1 수량사

orang 오랑	~ 인, ~ 명 (사람을 셀 때 사용)
ekor 에꼬르	~ 마리 (원래 ekor는 '동물의 꼬리'라는 뜻으로 동물을 셀 때 사용)
buah 부아	~ 개, ~ 대, ~ 권, ~ 채 (일반적인 사물, 차량, 도서, 집을 셀 때 사용)
batang 바땅	~ 그루, ~ 대 (나무, 담배, 연필과 같이 길쭉한 모양의 물건을 셀 때 사용)
helai 흘라이	~ 장 (종이, 옷과 같이 부드러운 물체를 셀 때 사용)
butir 부띠르	~ 알 (진주알, 계란과 같이 둥글고 비교적 작은 물체를 셀 때 사용)
pasang 빠상	~ 켤레, ~ 쌍 (쌍을 이루는 물건을 한 묶음으로 셀 때 사용)

Lima orang pria tinggal di rumah ini.

남자 다섯 명이 이 집에 산다.

Kami memelihara dua ekor kucing.

우리는 두 마리의 고양이를 키운다.

Pak Sukiman menjual sebuah mobil

수끼만 씨는 차 한 대를 팔았다.

Ada tiga batang pohon pisang di kebun.

정원에 세 그루의 바나나 나무가 있다.

Dia mencuci lima helai pakaian.

그/그녀는 다섯 벌의 옷을 세탁했다.

Minta 30 butir telur.

계란 30알 주세요.

Adik membawa dua pasang sepatu olahraga.

동생은 두 켤레의 운동화를 가져왔다.

2 Waktu dan Jam 때와 시간

1.　Jam + 숫자 : ~시

Sekarang jam berapa?　지금 몇 시입니까?

Sekarang jam 1.　지금은 1시입니다.

Saya masuk kerja pada jam 8 pagi.　저는 아침 8시에 출근합니다.

Saya pulang kerja pada jam 7 malam.　저는 저녁 7시에 퇴근합니다.

2.　숫자 + jam : ~시간

Kamu belajar berapa jam?　너는 몇 시간 공부했니?

Selama 1 jam.　1시간 동안.

3.　숫자 + menit : ~분, ~분간
**　숫자 + detik : ~초, ~초간**

＊menit(분)과 detik(초)은 항상 숫자 뒤에 온다.

Tunggu 1 menit.　1분만 기다려.

Dia diam saja selama 5 detik.　그는 5초 동안 아무 말이 없었다.

4.　숫자 + jam yang lalu : ~시간 전
**　숫자 + jam lagi : ~시간 후**

5.　Sekarang jam ~ : ~ (menit). 지금은 ~시 ~분입니다.

Sekarang jam 2.30.　지금은 2시 30분입니다.

6.　다양한 시간 표현

Jam 1.30　1시 30분

Jam setengah 2　1시 반

Jam 1 lewat 5 menit　1시 5분

Jam 2 kurang 5 menit　2시 5분 전

> • menit 분
> • setengah 반
> • lewat 지나다
> • kurang 부족하다

③ Hari dan Tanggal 요일과 날짜

Hari는 '요일'이나 생일, 휴일과 같이 어떤 '날'을 말할 때 쓴다. 반면 tanggal은 1일, 2일처럼 날짜를 말할 때 숫자와 함께 사용한다.

> Hari ini hari apa? 오늘은 무슨 요일인가요?
>
> Hari ini hari Minggu. 오늘은 일요일입니다.
>
> Hari ini hari ulang tahun saya. 오늘은 제 생일입니다.

월요일	화요일	수요일	목요일	금요일
hari Senin 하리 스닌	hari Selasa 하리 슬라사	hari Rabu 하리 라부	hari Kamis 하리 까미스	hari Jumat 하리 주맛
토요일	**일요일**	**휴일**	**축일**	
hari Sabtu 하리 삽뚜	hari Minggu 하리 밍구	hari libur 하리 리부르	hari raya 하리 라야	

1. 숫자 + hari : ~일

숫자 + hari yang lalu : ~일 전

숫자 + hari lagi : ~일 후

그저께	어제	오늘	내일	내일 모레	3일 후
Kemarin dulu 끄마린 둘루	kemarin 끄마린	hari ini 하리 이니	besok 베속	lusa / besok lusa 루사 / 베속 루사	3 hari lagi 띠가 하리 라기

2. tanggal + 숫자 : ~일

> Hari ini tanggal berapa? 오늘은 며칠인가요?
>
> Hari ini tanggal 7 Maret. 오늘은 3월 7일입니다.

4 Minggu 주

1. minggu ke- 숫자 : ~째 주

Minggu ini minggu keberapa? 이번 주는 몇 째 주인가요?

첫째 주	둘째 주	셋째 주	넷째 주
minggu pertama 밍구 뻐르따마	minggu kedua 밍구 끄두아	minggu ketiga 밍구 끄띠가	minggu keempat 밍구 끄음빳

2. 숫자 + minggu : ~주간
숫자 + minggu yang lalu : ~주 전
숫자 + seminggu lagi : ~주 후

2주 전	지난주	이번 주
2 minggu yang lalu 두아 밍구 양 랄루	minggu yang lalu 밍구 양 랄루	minggu ini 밍구 이니
다음 주	2주 후	
minggu depan 밍구 드빤	2 minggu lagi 두아 밍구 라기	

5 Bulan 월

인도네시아어의 '월' 이름은 영어에서 유래되었다. 그러므로 영어의 '월' 이름이 익숙하다면 인도네시아어도 그 의미를 쉽게 알 수 있을 것이다.

1월	2월	3월	4월	5월	6월
Januari 자누아리	Februari 페브루아리	Maret 마릇	April 아쁘릴	Mei 메이	Juni 주니
7월	8월	9월	10월	11월	12월
Juli 줄리	Agustus 아구스뚜스	September 셉뗌버르	Oktober 옥또버르	November 노펨버르	Desember 데셈버르

1. bulan + 월 이름

월 이름에 bulan을 붙여서 bulan Januari처럼 사용하기도 하지만 생략되는 경우가 많다.

Bulan ini bulan apa? 이번 달이 몇 월인가요?
Bulan ini (bulan) Janurari. 이번 달은 1월입니다.

2. 숫자 + bulan ： ～개월, ～달
숫자 + bulan yang lalu ： ～달 전
숫자 + bulan lagi ： ～달 후

2달 전	지난 달	이번 달
2 bulan yang lalu 두아 불란 양 랄루	bulan yang lalu 불란 양 랄루	bulan ini 불란 이니
다음 달	**2달 후**	
bulan depan 불란 드빤	2 bulan lagi 두아 불란 라가	

6 Tahun 년

1. tahun + 숫자 ： ～년
숫자 + tahun ： ～년간
숫자 + tahun yang lalu ： ～년 전
숫자 + tahun lagi ： ～년 후

2년 전	작년	올해
2 tahun yang lalu 두아 따훈 양 랄루	tahun yang lalu 따훈 양 랄루	tahun ini 따훈 이니
내년	**2년 후**	
tahun depan 따훈 드빤	2 tahun lagi 두아 따훈 라기	

Berapa lama Anda tinggal di Jakarta? 당신은 자카르타에 얼마나 사셨나요?
Saya tinggal di sini selama 3 tahun. 저는 이곳에서 3년간 살았습니다.

Ramadhan (Bulan Puasa)

라마단(금식월)

Kalender Islam(이슬람력)에서 1 tahun(1년)은 354 hari(354일)이다. 그리고 가장 큰 행사 중 하나인 Ramadhan(라마단)은 kalender Islam에서 bulan kesembilan(9번째 달)을 뜻한다. Ramadhan은 bulan Puasa(금식월)로 sangat(매우) 잘 알려져 있다.

Selama 1 bulan ini(이 한 달 동안), matahari terbit(해가 뜨다) 순간부터 matahari terbenam(해가 지다) 순간까지 puasa(금식)를 해야 한다. 해가 뜨기 전인 subuh(새벽)에 일어나 sahur(사후르)라고 불리는 이른 아침 식사를 하고 sepanjang hari(하루 종일) 지속되는 puasa에 임할 준비를 한다. 해가 지면 puasa가 끝나는 시점인 magrib(마그립)이 되었다는 뜻이다.

Buka puasa(금식을 마치다)는 keluarga(가족)나 teman-teman(친구들)과 함께 모여 푸짐한 음식을 먹으며 pesta(축제)를 연상케 할 정도로 시끌벅적하게 한다. Puasa가 시작되기 전에는 Selamat menunaikan ibadah puasa Ramadan(금식을 성공적으로 끝마치길 바랍니다).이라고 인사를 하고, puasa가 본격적으로 시작된 후에는 Selamat Puasa(금식 잘 하세요).라고 인사한다.

기도 시간

Subuh(새벽 기도)　　　　　　　　　　4 : 30

Dzuhur(정오 기도)　　　　　　　　　12 : 00

Asar(오후 대략 3시~4시 사이의 기도)　16 : 00

Magrib(해질 무렵의 기도)　　　　　　18 : 00

Isya(일몰 후 기도)　　　　　　　　　19 : 30

Cuaca

날씨

- 계절과 날씨에 관한 표현
- 기본 동사와 조동사, 빈도부사, -nya의 의미
- 계절 및 날씨 관련 단어
- 르바란

1

L Hari ini cuacanya bagus.

P Ya, cerah.

L Bagaimana cuaca besok?

P Katanya, besok juga bagus.

L   오늘은 날씨가 좋네요.

P   네, 맑아요.

L   내일 날씨는 어때요?

P   듣기로는, 내일도 좋대요.

- **cerah** 맑은
- **katanya** ~이라고 말하다;
  그(그녀)가 말하길

 잠깐만요!

★ 내일 날씨는 어때요? Bagaimana cuaca besok?

★ 한국의 날씨는 어때요? Bagaimana cuaca di Korea?

2

L Aduh, terlalu panas.

P Ya, hari ini lebih baik aku di rumah saja.

L Nyalakan AC dong. Aku nggak bisa tahan.

> **L** 아이고, 너무 덥다.
> **P** 응, 오늘은 그냥 집 안에 있는 게 더 낫겠어.
> **L** 에어컨 좀 켜 봐. 못 참겠어.

- **terlalu** 너무, 지나치게
- **lebih baik ~** ~하는 게 더 낫다
- **pakai** 사용하다
- **AC(air conditioner)** 에어컨([아세]라고 읽음)
- **dong** ~ 좀 해 줘(자신의 의도를 부드럽게 나타내거나 상대방에게 부드럽게 강요하는 표현)
- **tahan** 참다

★ 너무 덥다. Terlalu panas.

★ 그냥 집 안에 있는 게 낫겠어. Lebih baik di dalam rumah saja.

★ 에어컨 좀 켜 줘. Nyalakan AC dong.

★ 에어컨 좀 꺼 줘. Matikan AC dong.

3

L Tadi malam, rumah saya kebanjiran.

P Oh, bagaimana. Tumben rumah kamu kebanjiran.

L Selama lima hari turun hujan deras.

P Ya, ampun. Cuaca musim hujan memang buruk ya!

L   어젯밤에 우리 집이 물이 찼어.

P   어머, 어떡해. 너희 집에 물이 차다니 드문 일이다.

L   5일 동안 폭우가 내렸어.

P   맙소사. 우기의 날씨란 정말 나쁘구나.

- **banjir** 홍수, 물이 차다
- **bagaimana** 어떠하다, 어떻게
- **tumben** 드물다(구어체로 친구 사이에서 주로 사용)
- **hujan deras** 소나기, 폭우
- **ampun** 감탄사로 쓰이면 '맙소사'라는 뜻, 그 외의 상황에서는 '용서, 사면, 자비' 등을 의미한다.

★ 너희 집에 물이 차다니 드문 일이다. Tumben rumah kamu kebanjiran.

★ 네가 이렇게 일찍 오다니 드문 일이다. Tumben kamu datang begitu cepat.

4

L Hari ini hujan? Saya tidak bawa payung nih.

P Ya, kelihatannya hujan.

L Tadi pagi saya lihat ramalan cuaca. Katanya hari ini cerah. Salah lagi?

P Makanya, saya tidak percaya ramalan cuaca. Namanya juga "ramalan".

- **bawa** 가져오다, 가져가다
- **payung** 우산
- **nih** 자신의 상태를 강조하는 표현
- **kelihatannya** ~인 것 같다 (구어체에서 자주 쓰이며 kayaknya, rupanya, sepertinya 등이 동의어임)
- **tadi** 아까
- **pagi** 아침
- **lihat** 보다
- **ramalan** 예언, 예보
- **salah** 틀리다
- **lagi** 또, 다시
- **makanya** 그러니까, 그 때 문에 (= karena itu, sebab itu)
- **percaya** 믿다

L 오늘 비가 오나요? 우산을 안 가져왔는데.

P 네, 비가 오는 것 같네요.

L 오늘 아침에 일기예보를 봤는데. 맑다고 하던데. 또 틀린 건가요?

P 그러니까요, 저는 일기예보를 믿지 않는답니다.
이름 그대로 '예보'잖아요.

잠깐만요!

★ 오늘 비가 오나요? Hari ini hujan?

★ 그래서 저는 일기예보를 믿지 않아요. Makanya, saya tidak percaya ramalan cuaca.
ramalan은 미래의 일을 예측하는 것이다. 일기예보는 ramalan cuaca라고 하고, 별자리점은 ramalan zodiak이라고 한다.

5

P Di Korea, kapan turun salju?

L Salju turunnya pada musim dingin, yaitu dari bulan Desember sampai bulan Februari.

P Oh, saya belum pernah lihat salju. Saya benar-benar mau lihat.

P 한국에서는, 언제 눈이 내리나요?

L 눈은 겨울에 내리지요, 즉 12월부터 2월까지요.

P 오, 저는 눈을 아직 본 적이 없어요. 정말로 눈을 보고 싶네요.

- **turun** 내리다
- **salju** 눈
- **musim dingin** 겨울
- **dingin** 추운
- **yaitu** 즉
- **pernah** ~한 적이 있다
- **benar-benar** 정말 (benar의 두 번 반복은 강조를 의미한다)
- **-nya** 그것, 앞서 언급된 salju 를 뜻함 (nya에 대한 설명은 문법편 참고 p.98)
- **belum** 아직 ~하지 않다

★ 겨울에 눈이 내립니다. Salju turun pada musim dingin.

6

L Sekarang musim apa?

P Sepertinya musim kemarau karena panas terus.

L Kalau musim kemarau di Indonesia, dari kapan dan sampai kapan?

P Kira-kira dari April sampai Agustus. Tapi, sekarang sering berubah. Mungkin karena pemanasan global.

- **sekarang** 지금, 현재
- **musim kemarau** 건기
- **karena** 왜냐하면
- **kira-kira** 약, 대략
- **sering** 자주
- **berubah** 변하다
- **mungkin** 아마도
- **pemanasan global** 지구온난화

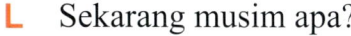

L 지금 무슨 계절이에요?

P 계속 더운 것을 보니 건기인 것 같네요.

L 인도네시아에서 건기는 언제부터 언제인가요?

P 대략 4월부터 8월까지입니다. 하지만, 지금 많이 바뀝니다. 아마도 지구온난화 때문이겠죠.

잠깐만요!

★ 건기는 대략 4월부터 8월까지입니다.
   Musim kemarau kira-kira dari April sampai Agustus.

★ 우기는 대략 9월부터 3월까지입니다.
   Musim hujan kira-kira dari September sampai Maret.

핵심 문법 **TATA BAHASA**

① 기본 동사

makan 먹다	**minum** 마시다	**jumpa** 만나다	**pisah** 헤어지다
tanya 묻다	**jawab** 대답하다	**mengajar** 가르치다	**belajar** 공부하다
ingat 기억하다	**lupa** 잊다	**masuk** 들어가다, 들어오다	**keluar** 나가다, 나오다
mulai 시작하다	**selesai** 끝나다	**jalan** 걷다	**lari** 뛰다
terbang 날다	**maju** 전진하다	**naik** 올라가다	**turun** 내려가다
berhenti 정지하다	**mundur** 후진하다	**cari** 찾다	**menginap** 묵다, 숙박하다
pergi 가다	**datang** 오다	**pulang** 귀가하다, 돌아오다, 돌아가다	**sampai** 도착하다
ikut 따르다	**singgah** 들르다	**pindah** 이사하다, 옮기다	**menangis** 울다
tertawa 웃다	**kenal** 친분이 있다, (사람을) 알다	**percaya** 믿다	**rasa** 느끼다
sabar 참다	**hati-hati** 조심하다	**tidur** 잠을 자다	**bangun** 일어나다, 잠에서 깨다
buka 열다	**tutup** 닫다	**jadi** ~가 되다	**bikin** 만들다
buat 만들다	**jual** 팔다	**beli** 사다	**buang** 버리다
habis 다 쓰다	**ada** 있다	**hidup** 생존하다	**berdiri** 서다
duduk 앉다	**potong** 자르다	**pakai** 사용하다	**kerja** 일하다
janji 약속하다	**suka** 좋아하다	**cinta** 사랑하다	**kawin/menikah** 결혼하다
lahir 태어나다	**mati** 죽다	**nyanyi** 노래하다	**menari** 춤추다

2 조동사

동사의 앞에 쓰인다. 문장 내에 부정부사가 있을 경우, 부정부사와 본동사 사이에 온다.

mau ingin ~하고 싶다	tidak mau tidak ingin ~하고 싶지 않다
bisa dapat ~할 수 있다	tidak bisa tidak dapat ~할 수 없다
boleh ~해도 좋다	tidak boleh ~해서는 안 된다
lebih baik ~하는 것이 더 낫다	lebih baik tidak ~하지 않는 것이 더 낫다
sudah 이미 ~했다	belum 아직 ~하지 않았다
pernah ~한 적이 있다	belum pernah 아직 ~한 적이 없다
akan ~할 것이다	tidak akan ~하지 않을 것이다

3 빈도부사

- selalu = senantiasa 항상
- sering = acap = kerap 자주
- kadang-kadang = terkadang = kadang kala 가끔
- jarang 거의 ~하지 않다
- pernah ~한 적이 있다
- tidak pernah, belum pernah ~한 적이 없다

4 -nya의 의미

1. 그/그녀 dia의 의미

Sekarang dia masih bekerja di kantornya.

지금 그는 아직 그의 사무실에서 일하고 있다.

Saya sangat mencintainya. 나는 그녀를 매우 사랑합니다.

수동태 문장에서 dia가 주어였다가 목적어 위치로 바뀐 경우에도 -nya로 변형된다.

Dia memanggil anak itu. 그녀는 그 아이를 불렀다.

Anak itu dipanggil olehnya. 그 아이는 그녀에 의해 불려졌다.

= Anak itu dipanggil oleh dia.

2. 앞에 이미 나온, 이미 인지된 명사 지칭

itu가 첨가되어 '그~'로 해석하면 자연스럽다.

Saya membeli buku ini. 나는 이 책을 샀다.

Saya membelinya di Gramedia. (nya → buku itu)

나는 그것을 그라메디아에서 샀다. / 나는 그 책을 그라메디아에서 샀다.

3. 명사화

형용사나 동사에 붙어서 명사화 해 주는 기능을 한다.

Belinya di mana? 구매는 어디에서 했어?

Sampainya kapan? 도착이 언제야?

4. 강조

품사와 관계없이 강조의 역할을 한다.

Hari ini cuacanya bagus. 오늘 날씨가 좋네요.

5. 집합, 총계

- satu-satunya 유일한
- dua-duanya 둘이
- tiga-tiganya 셋이

6. 일부 부사에 포함되는 nya는 분석할 필요 없이 그대로 외우자.

- kelihatannya, sepertinya, rupanya ~인 것 같다
  Kelihatannya hari ini turun hujan. 오늘 비가 올 것 같네요.

- Biasanya 보통
  Biasanya saya tidur pada jam 10. 보통 저는 10시에 자요.

- Akhirnya 결국
  Akhirnya dia cerai. 결국 그는 이혼했어.

- Sebenarnya 사실은
  Sebenarnya saya ada janji. 사실 저는 약속이 있습니다.

Musim

계절

musim semi / musim bunga
봄

musim panas
여름

musim gugur
가을

musim dingin
겨울

musim kemarau
건기

musim penghujan
우기

Cuaca

날씨

cerah
맑다

hujan
비, 비가 오다

panas
덥다

pelangi
무지개

dingin
춥다

turun salju
눈이 오다

보너스 단어

hujan deras 소나기, 폭우가 내리다 | **mendung** 흐리다, 구름이 끼다 | **petir** 천둥치다 | **kilat** 번개치다 |
hujan es 우박이 내리다 | **banjir** 홍수가 나다, 물에 잠기다 | **angin** 바람, 바람이 불다 | **sejuk** 시원하다, 선선하다 |
gerimis 가랑비가 내리다, 이슬비가 내리다 | **lembap** 습하다 | **kering** 건조하다

Lebaran
르바란

Ramadhan(라마단)이 끝나면 이슬람력으로 열 번째 달의 첫날인 Lebaran(르바란)이 찾아온다. Lebaran은 10월의 hari pertama(첫 번째 날)이며 Idul Fitri(이둘 피트리)라고도 불린다. Puasa(금식)를 잘 마친 muslim들은 서둘러 mudik(고향으로 내려간다)을 하여, ketupat(끄뚜팟), ayam gulai(아얌 굴라이), rendang(른당) 등 전통 음식을 먹고 kado(선물)을 주고받으며 가족들과 즐거운 시간을 보낸다. 이 날에는 tunjangan hari raya 혹은 줄여서 THR라고 하는 hiasan(장식품)으로 온 집 안을 장식한다. Lebaran의 공식적인 휴일은 2 hari(이틀)이지만, 거의 모든 사람들이 추가로 liburan(휴가)를 더 얻어 1-2 minggu(1-2주) 가량 긴 휴가를 보낸다. 이 날은 selama 1 tahun(1년 동안의) 자신의 dosa(죄)에 대해 용서를 구하는 인사(salaman)를 한다. "Mohon maaf lahir dan batin(제가 잘못한 일이 있다면 사죄드립니다)."이라고 용서를 구하고, 연중 가장 큰 축일인 Idul Fitri를 축하하는 인사말도 서로에게 전한다. "Selamat hari raya Idul Fitri(이둘 피트리 축일을 축하합니다)."

ketupat [끄뚜팟]
바나나 잎에 싸서 찐 밥

ayam gulai [아얌 굴라이]
닭고기 카레국

Pindah rumah

이사

- 위치와 방향에 관한 표현
- 기본 형용사 및 형용사의 비교급, 최상급, 동급
- 침실, 빨래, 청소 관련 단어
- 한국에서도 잘 알려진 인도네시아 가수

1

P Ini rumah saya. Silakan masuk.

L Ya, permisi. Wah, rumahnya bagus.

P Terima kasih. Saya baru pindah kemarin.

P 여기가 제 집입니다. 들어오세요.

L 네, 실례하겠습니다. 와, 집이 좋네요.

P 감사합니다. 어제 막 이사 왔어요.

• silakan (권유) ~하세요
• masuk 들어오다
• permisi 실례합니다
• baru 방금, 막
• pindah 이사하다

★ 어제 막 이사 왔어요. Saya baru pindah kemarin.
baru는 부사와 형용사로 쓰이며 두 가지 의미가 있다.
• 부사: Saya baru beli buku ini. 방금 이 책을 샀다. (방금)
• 형용사: Buku ini baru. 이 책은 새것이다. (새로운)

2

L Kebunnya bagus. Ada berapa kamar di rumah ini?

P Tiga saja. Rumah ini termasuk kecil.

L Kalau ada tiga kamar dan kebun, di Korea termasuk besar.

P Oh, ya?

- **kebun** 정원
- **kamar** 방
- **termasuk** 포함되다
- **kecil** 작은

L 정원이 멋지네요. 이 집에는 방이 몇 개가 있나요?

P 세 개뿐입니다. 이 집은 작은 편이죠.

L 방 세 개에 정원까지 있으면, 한국에서는 큰 편입니다.

P 오, 그래요?

★ 이 집은 큰 편입니다. **Rumah ini termasuk besar.**

인도네시아 자와 지역의 전통 가옥은 rumah tangga이다. 직역하면 '사다리(tangga)가 있는 집'이다. 기둥을 사용하여 집이 지면에서 약간 뜨게 만든 후 사다리를 놓아 지면과 집을 연결하는 형식이다. Rumah tangga라는 단어는 ibu rumah tangga(전업주부)와 kerja rumah tangga(집안일)와 같은 표현에도 쓰이고 있다.

3

P Apa yang ada di atas meja ini?

L Yang ada di atas meja itu kamus.

P Kamus apa?

L Kamus bahasa Indonesia.

P Punya siapa?

L Punya Dino.

- **yang** ~하는 것, ~하는 사람
- **meja** 책상
- **kamus** 사전
- **punya** ~의 것

P 이 책상 위에 있는 것은 무엇입니까?

L 그 책상 위에 있는 것은 사전입니다.

P 무슨 사전이요?

L 인도네시아 사전이요.

P 누구의 것입니까?

L 디노의 것이에요.

잠깐만요!

★ 책상 위에 있는 것은 무엇입니까? Apa yang ada di atas meja?
  = 책상 위에 무엇이 있나요? Ada apa di atas meja?

yang은 해석하면 '것, 사람'이란 뜻이다. 하지만 단순히 명사를 수식하는 수식구를 이끌어 주는 역할을 하는 경우에는 해석하지 않는다.

- **yang** baru 새로운 것
- **yang** ada di atas meja 책상 위에 있는 것
- **yang** ada di depan pintu 문 앞에 있는 사람
- perempuan **yang** berbaju merah 빨간색 옷을 입은 여자

★ 이것은 누구의 것입니까? Ini punya siapa?

★ 제 것입니다. Punya saya.

4

L   Ini bisa dikirim ke rumah saya?

P   Ya, bisa. Apa alamat Bapak?

L   Alamat saya Jalan Rasuna Said, Apartemen Istana Tower 18, 20H.

P   Berapa nomor HP Bapak?

L   Nomornya 0811-123-4567.

P   Maaf, Pak. Sedikit pelan-pelan.

- **dikirim** 보내어지다
- **alamat** 주소
- **jalan** 거리, 길
- **apartemen** 아파트
- **tower** ~동, 타워
- **nomor** 번호
- **HP** 휴대전화 ([하뻬]라고 읽음)
- **telepon** 전화
- **pelan** 천천히
- **kasih tahu** 알려 주다
- **sekali** 한 번 (= satu kali)

L   이것을 저희 집으로 보내주실 수 있나요?

P   네, 가능합니다. 선생님 주소가 어떻게 되시죠?

L   주소는 라수나 사이드 가(街) 이스따나 아파트 18동 20H호입니다.

P   휴대전화 번호는 몇 번이세요?

L   0811-123-4567입니다.

P   뭐라고요? 천천히 말씀해 주세요, 손님.

★ 당신의 주소는 어떻게 됩니까? Apa alamat Anda?

★ 휴대전화 번호는 몇 번입니까? Berapa nomor HP?

★ 뭐라고요? Maaf?

★ 천천히요. Pelan-pelan.

★ 한 번 더 알려 주세요. Tolong kasih tahu sekali lagi.

P Pak Kim, sudah pindah rumah?

L Ya, baru kemarin.

P Ke mana?

L Ke kompleks Pelangi di daerah Pondok Indah.

P Ada berapa kamar di rumah baru?

L Empat kamar dan dua lantai.

P Ada kebun juga?

L Ya, ada.

P Rumah Pak Kim sepertinya besar.

L Kapan-kapan main ke rumah saya.

P   김 선생님, 이사하셨어요?

L   네, 바로 어제 했어요.

P   어디로 가셨어요?

L   뻔독 인다 지역에 있는 무지개 단지로 갔어요.

P   새 집에 방이 몇 개 있어요?

L   방이 네 개 있고 이층집이에요.

P   정원도 있어요?

L   네, 있어요.

P   김 선생님 댁은 큰 것 같네요.

L   언제 한번 저희 집에 놀러 오세요.

· **kompleks perumahan** (주택) 단지
· **pelangi** 무지개
· **daerah** 지역
· **lantai** 층
· **dua lantai** 이층집
· **sepertinya** ~인 것 같다
· **kapan-kapan** 언젠가
· **main** 놀다 언제든지

1 기본 형용사

baik 좋은	buruk 나쁜
besar 큰	kecil 작은
mahal 비싼	murah 싼
berat 무거운	ringan 가벼운
pendek 키가 작은	tinggi 키가 큰
kurus 마른	gemuk 뚱뚱한
pintar 똑똑한	bodoh 멍청한
muda 젊은	tua 늙은
baru 새로운	lama 오래된
pendek 짧은	panjang 긴
benar 옳은	salah 틀린
asli 진짜의	palsu 가짜의
wangi 향기로운	bau 냄새나는
empuk 푹신한	keras 딱딱한
gampang 쉬운	susah 어려운
cepat 빠른	lambat 느린
terang 밝은	gelap 어두운
lapar 배고픈	kenyang 배부른

외모 (Penampilan)

cantik 예쁜	jelek 못생긴	lucu 귀여운	ganteng 잘생긴	biasa 평범한	keren 멋진
gemuk 뚱뚱한	langsing 날씬한	kurus 마른	tinggi 키가 큰	pendek 키가 작은	

감정 (Perasaan)

bahagia 행복한	senang, asyik 즐거운	sedih 슬픈
bangga 자랑스러운	menyesal 후회하는	mengantuk 졸린

색깔 (Warna)

putih 흰	hitam 검은	merah 빨간	kuning 노란
biru 파란	hijau 녹색의	ungu 보라색의	cokelat 갈색의
pink 분홍색의	abu-abu 회색의	jingga 주황색의	

2 형용사를 꾸며 주는 부사

agak 약간	lumayan 꽤	sangat, sekali 매우
sama sekali 전혀 (항상 tidak과 쓰임)	tidak begitu 그다지 ～(하)지 않다	terlalu 너무

Bahasa Indonesia menarik. 인도네시아어는 재미있다.

Bahasa Indonesia sama sekali tidak susah. 인도네시아어는 전혀 어렵지 않다.

Bahasa Indonesia tidak begitu susah. 인도네시아어는 그다지 어렵지 않다.

Bahasa Indonesia agak susah. 인도네시아어는 조금 어렵다.

Bahasa Indonesia lumayan susah. 인도네시아어는 꽤 어렵다.

Bahasa Indonesia sangat susah. 인도네시아어는 매우 어렵다.

Bahasa Indonesia terlalu susah. 인도네시아어는 너무 어렵다.

3 형용사의 비교급, 최상급, 동급

1. 비교급

명사 A + lebih + 형용사 + daripada 명사 B

Dodi lebih pintar daripada Agus. 도디는 아구스보다 더 똑똑하다.

Putri jauh lebih cantik daripada Siti. 뿌뜨리는 시띠보다 훨씬 더 예쁘다.

2. 최상급

명사 + paling + 형용사

명사 + ter- + 형용사

Dia paling kaya di dunia. 그는 세상에서 가장 부유하다.

Gunung Halla tertinggi di Korea Selatan. 한라산은 남한에서 가장 높다.

최상급 문장에는 위의 예문에서 보듯이 '세상에서', '남한에서' 등과 같은 범위가 제시되는 경우가 많다.

3. 동급

명사 A + sama + 형용사 + dengan + 명사 B

명사 A + se- + 형용사 + 명사 B

Dia sama gemuk dengan ayahnya. 그는 아버지와 똑같이 뚱뚱하다.

Mobil ini secepat kereta api. 이 차는 기차만큼 빠르다.

Kamar Tidur
침실

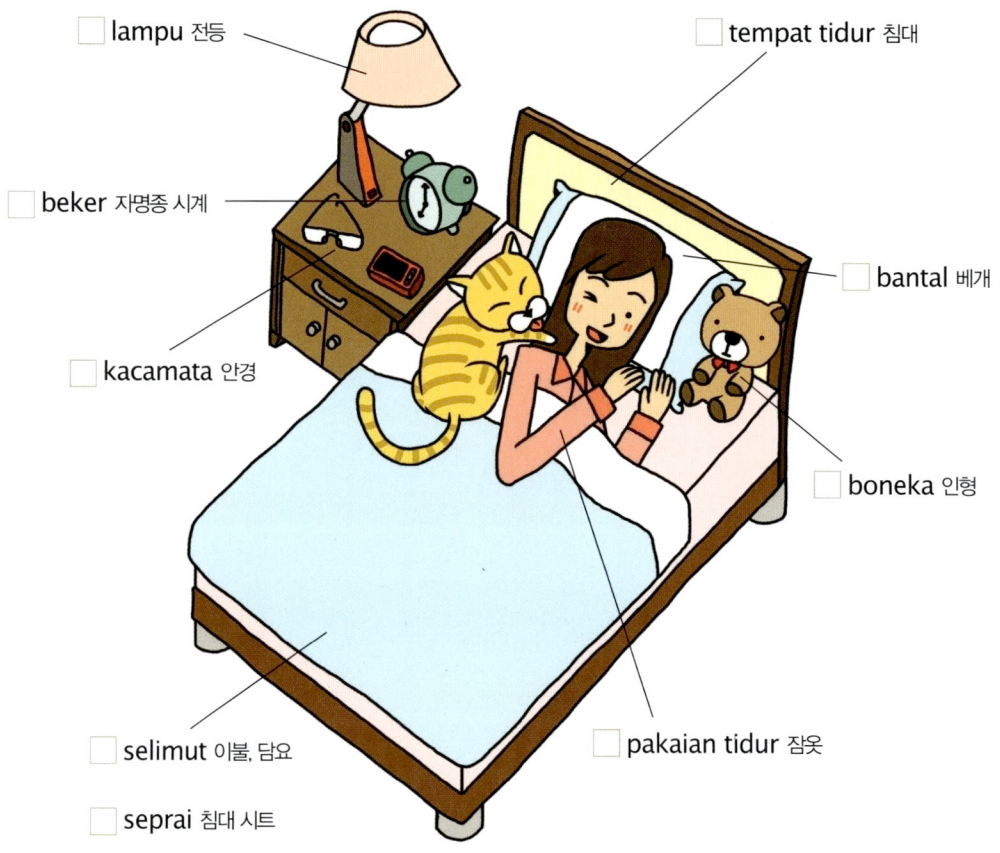

☐ lampu 전등

☐ tempat tidur 침대

☐ beker 자명종 시계

☐ bantal 베개

☐ kacamata 안경

☐ boneka 인형

☐ selimut 이불, 담요

☐ pakaian tidur 잠옷

☐ seprai 침대 시트

보너스 단어

gudang 창고 | tangga 계단, 사다리 | pintu 문 | jendela 창문 |
gordén 커튼 | kelambu 모기장 | lantai 바닥, 마루 | kipas angin 선풍기 | bak mandi 욕조
atas 위 | bawah 아래 | depan 앞 | belakang 뒤 | dalam 안 | luar 밖 |
timur 동 | barat 서 | selatan 남 | utara 북

kebun
정원

teras
베란다

serambi
현관

ruang keluarga
거실

Toilet / WC / Kamar kecil
화장실

kamar mandi
욕실

ruang tamu
응접실

ruang makan
주방

dapur
부엌

Pencucian

빨래

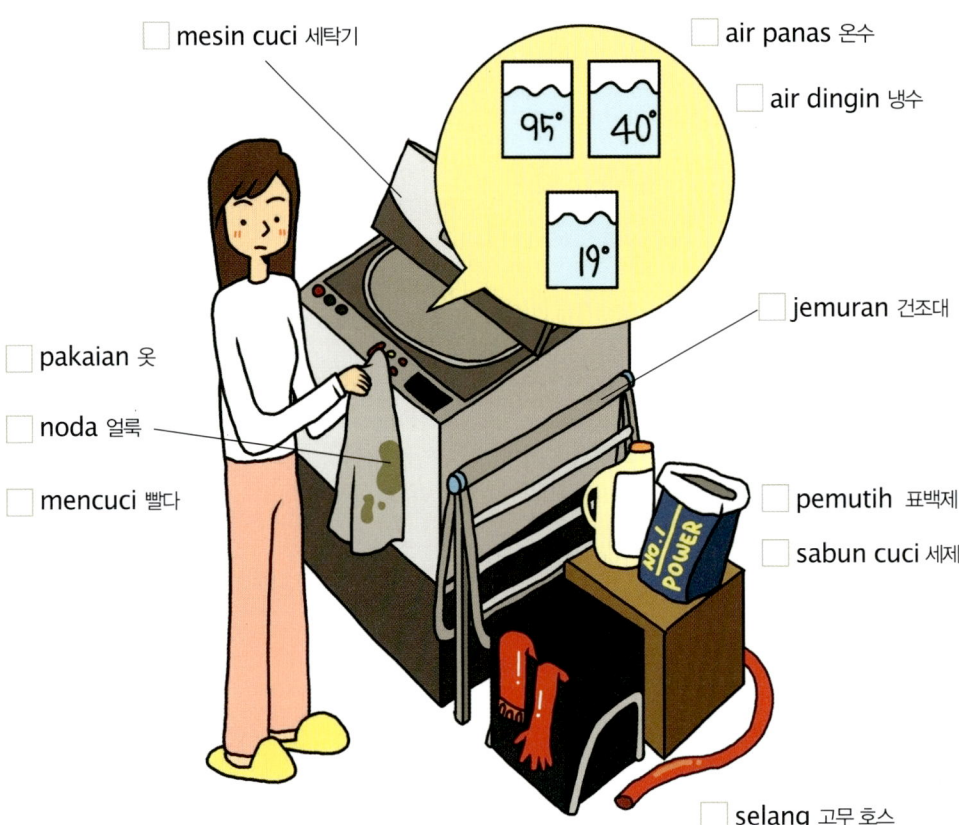

☐ mesin cuci 세탁기

☐ air panas 온수

☐ air dingin 냉수

☐ jemuran 건조대

☐ pakaian 옷

☐ noda 얼룩

☐ mencuci 빨다

☐ pemutih 표백제

☐ sabun cuci 세제

☐ selang 고무 호스

보너스 단어

menyetrika 다림질을 하다 | melempit 접다, 개다 | menjahit 바느질하다 | jarum 바늘 | benang 실 |
tali 빨랫줄 | menyidai 빨래를 널다 | mencucikan 세탁소에 맡기다 | sabun cuci 세제

Pembersihan
청소

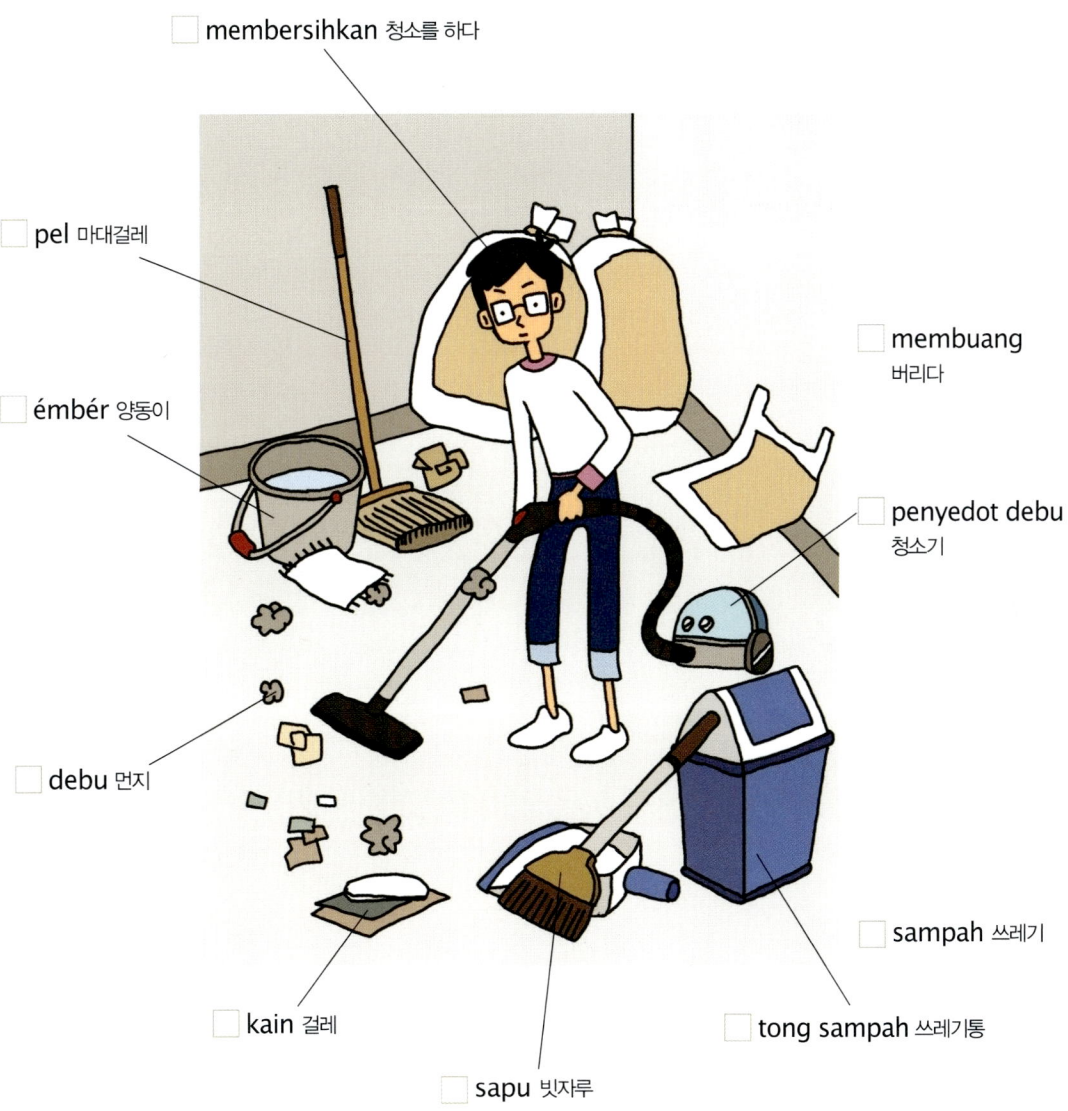

- [ ] membersihkan 청소를 하다
- [ ] pel 마대걸레
- [ ] émbér 양동이
- [ ] debu 먼지
- [ ] kain 걸레
- [ ] sapu 빗자루
- [ ] membuang 버리다
- [ ] penyedot debu 청소기
- [ ] sampah 쓰레기
- [ ] tong sampah 쓰레기통

Mocca
한국에서도 잘 알려진 인도네시아 가수

이름은 생소할 수 있지만 이들의 노래는 한국의 CF나 각종 TV 프로그램에 자주 나오고 있다. 아마 노래를 들으면 모르는 사람이 거의 없을 것이다. 보컬인 Arina, 기타 Riko, 베이스 Umar, 그리고 드럼 Indra 총 네 명의 멤버로 이루어진 밴드이다. 한국에서도 단독 konser(콘서트)를 연 적이 있을 정도로 마니아층이 이미 형성된 그룹이다. 여성 보컬의 목소리가 매우 상큼하고 밝은 느낌이라, 이들의 노래를 들으면 기분이 매우 좋아진다. 대표적인 노래로는 〈Happy〉, 〈I remember〉, 〈I will〉, 〈the best thing〉 등이 있다. 거의 모든 노래가 영어로 되어 있다. 마치 인도네시아인들의 순수함과 자연의 아름다움을 고스란히 담아 놓은 듯한 이 밴드의 맑고 청량한 노래를 꼭 한번 들어 보길 바란다. 그들의 매력에 푹 빠질 것이다.

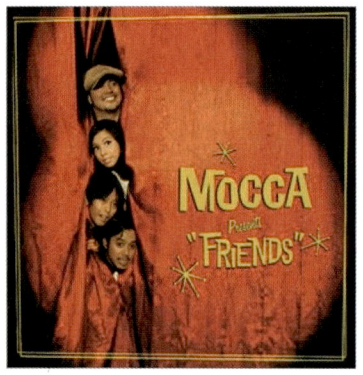

Berbelanja

쇼핑

- 물건 사기
- 의문사
- 의복 관련 단어
- 세계에서 가장 몰이 많은 도시, 자카르타

1

P	Cari apa?
L	Saya cari baju.
P	Untuk siapa, Pak?
L	Untuk saya sendiri.
P	Ukurannya apa?
L	Minta yang L ya.

- cari 찾다
- baju 웃옷
- untuk ~을/를 위하여
- sendiri 자신, 스스로
- ukuran 사이즈
- minta 요청하다, 부탁하다

P	무엇을 찾으십니까?
L	웃옷을 찾고 있어요.
P	누가 입으실 거죠, 손님?
L	제가 입을 겁니다.
P	사이즈는 무엇인가요?
L	L로 주세요.

 잠깐만요!

★ 무엇을 찾으십니까? Cari apa?

★ 도와드릴까요? Boleh saya bantu?

★ 구경 좀 할게요. Mau lihat-lihat saja.

★ 우선 둘러볼게요. Lihat-lihat dulu.

★ 제가 입을 겁니다. Untuk saya sendiri.

　sendiri는 영어의 –self와 매우 유사한 의미를 가지고 있다.
- Kalau kamu sendiri tidak tahu, siapa yang tahu? (= yourself)
　당신 자신이 모른다면, 누가 안단 말입니까?
- Saya belajar sendiri bahasa Indonesia. (= by myself) 저는 인도네시아어를 독학했습니다.
- Anak itu sudah bisa mengatur sendiri. (= himself) 그 아이는 이미 스스로 통제할 수 있다.
- Pintu itu terbuka dengan sendirinya. (= itself) 그 문은 저절로 열렸다.

　사이즈에 관한 표현

사이즈는 S, M, L과 같이 영어로 표현한다.
S = small = kecil　　　M = medium = tengah　　　L = large = besar

2

P Berapa harga tas ini?

L Itu harganya Rp 50.000.

P Tidak ada diskon?

L Tidak bisa. Itu harga pas.

P 이 가방의 가격은 얼마입니까?
L 5만 루피아입니다.
P 할인은 없나요?
L 안 돼요. 정찰가입니다.

- **berapa** 얼마
- **tas** 가방
- **diskon** 할인(= potongan harga)
- **bisa** 가능한
- **harga pas** 정찰가
- **mahal** 비싸다
- **kurangi** 깎다
- **sedikit** 조금
- **sepatu** 신발

잠깐만요!

★ 할인이 되나요? Bisa dikurangi? / Bisa diskon?

★ 할인해 주세요. Minta diskon.

★ 너무 비싸요. Terlalu mahal.

인도네시아 재래시장에서는 흥정(tawaran)이 필수이다. 외국인을 대상으로 턱없이 비싼 가격을 부르는 경우도 종종 있으니 현지인과 동행하거나 흥정을 하도록 하자.

의문사의 위치

의문사의 위치는 문장의 맨 앞이나 맨 뒤이다.

Berapa harganya? = Harganya berapa? 가격이 얼마입니까?

Berapa ini? = Ini berapa? 이것은 얼마입니까?

Berapa sepatu itu? = Sepatu itu berapa? 그 신발은 얼마입니까?

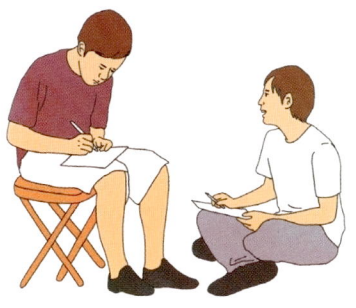

3

L	Minta pulsa Simpati.
P	Yang berapa?
L	Yang Rp 100.000.
P	Ini dia.
L	berapa harganya?
P	Harganya Rp 105.000.
L	Ya, ini uangnya.
P	Ini kembaliannya, terima kasih.

- pulsa 선불 전화카드
- Simpati 통신사 이름
- yang 짜리, ~것
- uang 돈
- kembalian 거스름돈

L	심빠띠 선불 전화카드 주세요.
P	얼마 짜리요?
L	10만 루피아짜리요.
P	여기 있습니다.
L	얼마예요?
P	105,000루피아입니다.
L	네, 돈 여기 있어요.
P	잔돈 받으세요. 감사합니다.

★ 여기 있습니다. Ini dia.

Dia는 그/그녀라는 뜻을 가진 인칭대명사이지만, 물건을 건네주면서 '(당신이 원하는 물건이) 여기 있습니다'라는 의미로도 쓰인다.

선불 전화카드

인도네시아에서는 대부분의 휴대전화가 선불 카드를 충전해서 쓰는 시스템이다. 이미 충전한 금액이 다 소모되면 받는 전화만 가능하다. 선불 전화카드는 pulsa(뿔사)라고 한다. Pulsa는 보통 본래의 가격보다 조금 비싸지만 더 싸게 파는 경우도 있다. 대부분 액면가 그대로 거래되지 않고 상점마다 다르니 반드시 정확한 금액을 물어보고 지불하도록 한다.

4

P Saya mau beli mangga dan rambutan. Harganya berapa?

L Mangga Rp 15.000 per kilo dan rambutan Rp 10.000 per kilo. Mau berapa kilo?

P Minta 2 kilo masing-masing.

L Ya, semuanya Rp 50.000.

- mau ~하고 싶다
- mangga 망고
- rambutan 람부탄
  (열대과일의 일종)
- per ~당
- kilo 킬로그램
- masing-masing 각각
- semua 모두
- bayar 지불하다
- negara 나라, 국가
- jumlah 합계

P 망고와 람부탄을 사고 싶습니다. 가격이 얼마입니까?

L 망고는 킬로당 15,000루피아이고 람부탄은 킬로당 10,000루피아입니다. 몇 킬로를 원하세요?

P 각각 2킬로씩 주세요.

L 네, 모두 5만 루피아입니다.

잠깐만요!

★ 더치페이하다 Bayar masing-masing.

★ 각각의 나라는 고유한 문화를 가졌다.
  Masing-masing negara mempunyai budaya sendiri.

per와 semuanya의 뜻

- per는 '~당'이란 뜻이다.
  per kilo 킬로당   per meter 미터당   per orang 일 인당

- semuanya에서 semua는 '모두'를 의미하며 -nya는 강조의 의미로 쓰였다. 숫자의 합계이므로 jumlahnya로 표현할 수도 있다.
  Semuanya orang Korea. 모두 한국인이다.
  Berapa jumlahnya uang saku kamu? 네 용돈은 얼마니?

Di toko pakaian 옷 가게에서

P Boleh saya bantu?

L Lihat-lihat dulu ya.

   Oh, ini bagus. Boleh dicoba?

P Boleh, ukuran apa, Pak?

L Minta yang M.

(sesaat kemudian)

L Ini kekecilan. Ada yang lebih besar?

P Ada, tunggu sebentar. Silakan coba ini, Pak.

L Ini pas. Saya mau ambil ini. Berapa harganya?

P Harganya 100.000 rupiah.

   Bayarnya dengan kartu kredit atau tunai?

L Kartu kredit saja.

P Ya, terima kasih.

P 도와드릴까요?
L 우선 둘러볼게요.
   오, 이 옷 괜찮네요. 입어 봐도 될까요?
P 됩니다, 어떤 사이즈로 드릴까요, 손님?
L M 사이즈로 주세요.
(잠시 후)
L 이 옷은 작네요. 더 큰 게 있나요?
P 있어요, 잠시만요. 이 옷을 입어 보세요, 손님.
L 이건 딱 맞네요. 이걸로 할게요. 가격은 얼마죠?
P 가격은 10만 루피아입니다.
   지불은 신용카드로 하시나요, 현금으로 하시나요?
L 그냥 신용카드로 할게요.
P 네, 감사합니다.

- **toko** 가게
- **bagus** 좋다
- **dicoba** 시도하다, 입어 보다
- **sebentar** 잠시
- **kekecilan** 너무 작다
- **tunggu** 기다리다
- **silakan** ~하십시오
- **pas** (사이즈가) 딱 맞다
- **ambil** 취하다, 가져가다, 사다
- **kartu kredit** 신용카드
- **tunai** 현금

보너스 단어

terlalu 너무 ~하다 | kekecilan - kebesaran 너무 작다 - 너무 크다 | kependekan - kepanjangan
너무 짧다 - 너무 길다 | kemurahan - kemahalan 너무 싸다 - 너무 비싸다

TATA BAHASA

1 의문사의 종류

Apa 무엇	Siapa 누구	Berapa 얼마
Mengapa/Kenapa 왜	Kapan 언제	Bagaimana 어떻게

2 의문문 만들기

1. 의문사가 없는 의문문

평서문 형태에서 끝만 올려 준다.

Putri cantik. 뿌뜨리는 예쁘다.
→ Putri cantik? 뿌뜨리는 예뻐?

Anda berangkat ke Singapura besok. 당신은 내일 싱가폴로 출발합니다.
→ Anda berangkat ke Singapura besok? 당신은 내일 싱가폴로 출발합니까?

2. 의문사가 있는 의문문

의문사가 있는 의문문의 경우, 의문사는 문장의 맨 앞이나 맨 뒤에 위치한다.

Apa ini? = Ini apa? 이것은 무엇입니까?

Siapa yang datang tadi? 아까 온 사람은 누구입니까?
= Yang datang tadi siapa?

Berapa harga tas ini? 이 가방의 가격은 얼마입니까?
= Harga tas ini berapa?

Kapan Anda belajar bahasa Indonesia? 당신은 언제 인도네시아어를 배웠습니까?
= Anda belajar bahasa Indonesia kapan?

3. 조동사가 있는 의문문

조동사에 –kah를 붙이고 문장의 맨 앞에 위치시킨다. 이때 kah는 해석하지 않으며, 생략할 수 있다. 또한, 주어와 조동사의 위치는 도치된다.

❶ '허가'의 조동사 boleh

Boleh(kah) saya duduk di sini? 제가 여기에 앉아도 되나요?

➜ Saya boleh duduk di sini. 나는 여기에 앉아도 된다. (평서문)

boleh와 saya가 도치되어 있음을 알 수 있다.

❷ '가능'의 조동사 bisa

Bisa(kah) Anda berbahasa Prancis? 당신은 프랑스어를 구사할 수 있나요?

➜ Anda bisa berbahasa Prancis. 당신은 프랑스어를 구사할 수 있다. (평서문)

조동사가 있는 의문문이더라도, 조동사가 문장의 맨 앞으로 나오는 형태가 어색한 경우 평서문에서 끝을 올려 주는 형식을 택한다.

Anda pernah makan kimchi? 당신은 김치를 먹어 본 적이 있나요?

Saya lebih baik tidak dengar kabar itu?

제가 그 소식을 듣지 않는 게 더 나을까요?

4. 부가 의문문

평서문의 맨 뒤나 주어 뒤에 bukan을 추가해 만든다. Bukan은 kan으로 축약할 수 있다.

Hari ini terlalu panas, bukan? 오늘은 너무 덥다, 안 그래?

Dia pacar Agus, kan? 그녀는 아구스의 애인이지, 그렇지?

Kamu kan orang asing. 너는 외국인이잖니?

Pakaian

의복

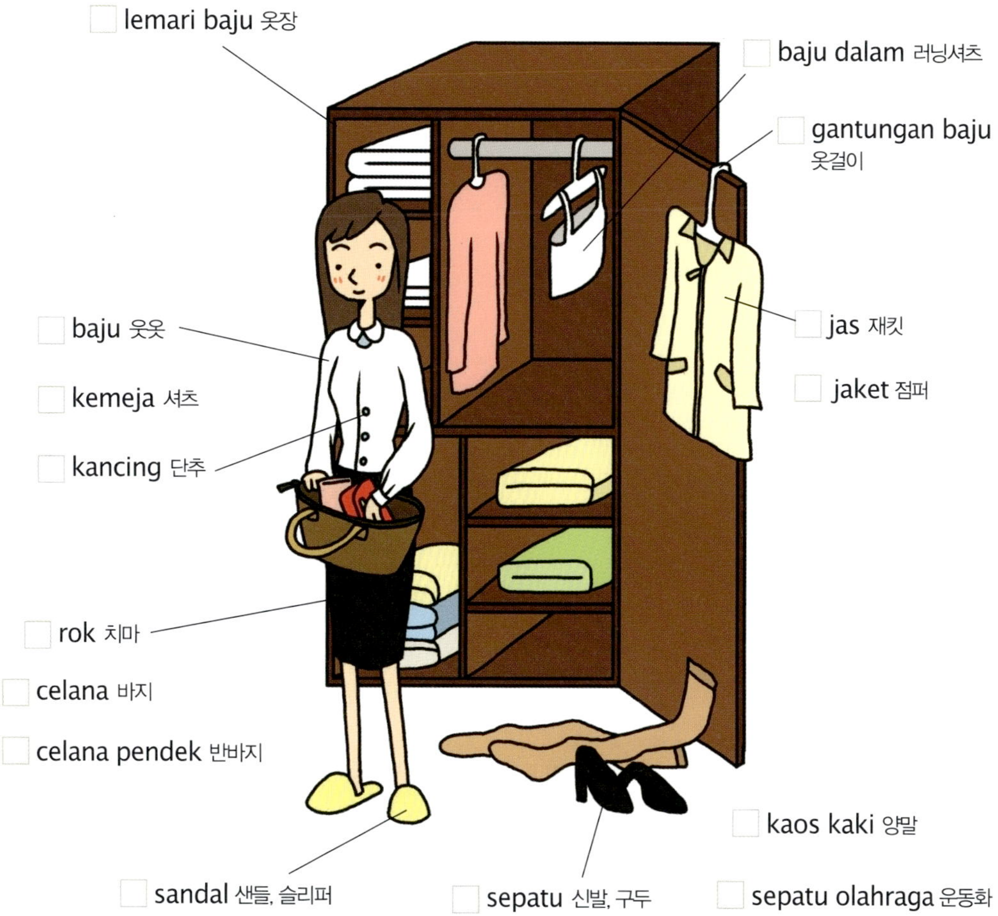

☐ lemari baju 옷장

☐ baju dalam 러닝셔츠

☐ gantungan baju 옷걸이

☐ baju 윗옷

☐ kemeja 셔츠

☐ kancing 단추

☐ jas 재킷

☐ jaket 점퍼

☐ rok 치마

☐ celana 바지

☐ celana pendek 반바지

☐ kaos kaki 양말

☐ sandal 샌들, 슬리퍼

☐ sepatu 신발, 구두

☐ sepatu olahraga 운동화

보너스 단어

berbelanja 쇼핑하다 | lengan panjang 긴소매 | lengan pendek 반소매 | kamisol 민소매 |
seragam 유니폼 | rekomendasi 추천 | tren 유행 | obral 세일 | diskon 할인

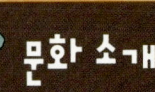
Jakarta, Kota dengan Mal Terbanyak di Dunia
세계에서 가장 몰이 많은 도시, 자카르타

제목에서처럼 Ibu kota Indonesia(인도네시아의 수도)인 자카르타에는 정말 많은 쇼핑몰이 있다. 유명한 복합 쇼핑몰로는 Pondok Indah Mal, Plaza Senayan, Senayan City, Plaza Indonesia, Pacific Place 등이 있다. 인도네시아인들이 쇼핑을 매우 좋아하기 때문일까? 그러한 alasan(이유)도 있지만, 그게 semua(전부)는 아니다.

Cuaca Indonesia(인도네시아의 기후)는 연중 내내 덥고, musim hujan(우기)과 musim kemarau(건기) 두 계절로 이루어져 있다. 특히 건기에는 매우 panas(덥다)해서 matahari(해)가 쨍쨍 내리쬐는 siang(낮)에 오랫동안 야외 활동을 하는 것은 매우 체력 소모가 많다. Jadi(그래서) 실내 활동이 많이 발달하게 되었고, 현재 대부분의 여가 활동은 쇼핑몰에서 행해지고 있다. 쇼핑몰에서 restoran(레스토랑), kafe(카페), bioskop(극장), tempat main bowling(볼링장), biro wisata(여행사), tempat permainan game(게임 센터) 등 macam-macam(다양한) 여가 활동을 즐길 수 있다. 꼭 쇼핑의 목적이 아니어도 대부분 약속 장소로 쇼핑몰이 많이 꼽히기 때문에 많은 사람들이 쇼핑몰을 찾는다.

Di restoran

식당에서

- 주문하기
- 맛 표현하기
- 부탁, 권유, 명령, 금지의 표현
- 부엌, 음식점 관련 단어
- 인도네시아 대표 음식

1

P Sudah pesan?

L Belum.

P Berapa orang?

L Dua orang. Kami harus tunggu?

P Ya, Bapak harus tunggu sekitar 20 menit.
Tidak apa-apa?

L Ya, tidak apa-apa.

P Atas nama siapa, Pak?

- **pesan** 예약하다, 주문하다
  (영어로 booking이라고도 함)
- **tunggu** 기다리다
- **sekitar** 대략, 약
- **atas** ~으로, ~에 대해, (명사) 위

P 예약하셨어요?
L 아니요.
P 몇 분이세요?
L 두 명입니다. 저희 기다려야 하나요?
P 네, 20분 정도 기다리셔야 합니다. 괜찮으세요?
L 네, 괜찮습니다.
P 어느 분 성함으로 (예약)할까요?

★ 예약하셨어요? Sudah pesan? / Sudah reservasi?

★ 어느 분 성함으로 예약하셨나요? Bookingnya atas nama siapa?

★ 오래 기다려야 하나요? Harus tunggu lama?

2

L Mbak!

P Mau pesan?

L Ya, minta dua porsi nasi goreng.

P Minumnya?

L Minta satu air putih dan segelas es teh manis.

(makanannya sudah sampai)

P Ini pesanannya. Silakan makan.

- porsi (수량사) ~인분
- nasi 밥
- air putih 생수
- gelas 유리잔, (수량사) ~잔
- es 얼음
- teh 차
- manis 달콤한
- silakan (권유) ~하세요

L 아가씨!

P 주문하시겠어요?

L 네, 나시고렝 2인분 주세요.

P 음료수는요?

L 생수 하나 하고 에스 떼 마니스 한 잔 주세요.

(주문한 음식이 도착)

P 여기 음식이 왔습니다. 맛있게 드세요.

잠깐만요!

★ 주문하시겠어요? Mau pesan?

★ 조금 있다가 주문할게요. Saya akan pesan sebentar lagi.

★ 나시고렝 주세요. Minta nasi goreng.

★ 차가운 것으로 주세요. Mau yang dingin.

　"Minta air putih(생수 주세요)."라고 주문하면, 종업원이 미지근한 생수를 가져올 확률이 매우 높다. 차가운 생수를 원한다면 주문할 때 Mau yang dingin(차가운 것)을 덧붙여 말하도록 하자.

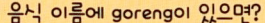

음식 이름에 goreng이 있으면?

튀긴 음식이 많은 인도네시아에서는 음식 이름에서 goreng을 많이 찾아볼 수 있다. goreng은 '볶다, 튀기다'라는 뜻이다.

nasi goreng 볶음밥	mie goreng 볶음면
ayam goreng 닭 튀김	pisang goreng 바나나 튀김

tempe goreng 뗌뻬 튀김('뗌뻬'는 콩을 각종 재료와 반죽하여 숙성시킨 식재료이다.)

3

P Mi gorengnya enak?

L Nggak, terlalu asin. Harusnya nggak pesan ini.

P Oh, ya? Kalau sate ayam dan gado-gado enak banget.

L Aku mau coba!

P 볶음면 맛있니?

L 아니, 너무 짜. 이걸 시키지 말았어야 했어.

P 그래? 이 사떼 아얌하고 가도가도는 정말 맛있는데.

L 나도 먹어 볼래!

- mie 면, 라면
- enak 맛있다
- asin 짜다
- harusnya ~해야 한다
- pesan 주문, 주문하다
- sate 꼬치 요리
- ayam 닭
- gado-gado 땅콩 소스를 곁들인 샐러드
- banget 정말 (sekali의 구어적 표현)
- coba 시도하다

잠깐만요!

★ 이것을 주문하지 말았어야 했어. Harusnya nggak pesan ini.

★ 나도 먹어 볼래. Aku mau coba.

★ 너무 짜지 않게 해 주세요. Jangan terlalu asin.

4

P Bahan apa saja yang dimasukkan ke rendang ini? Rasanya unik.

L Menggunakan santan. Santan adalah air dari parutan kelapa.

P Oh, begitu. Enak sekali.

L Ya, banyak masakan Padang menggunakan santan. Tapi, harus hati-hati karena cepat jadi gemuk kalau makan terlalu banyak.

- **bahan** 재료
- **rendang** 른당(쇠고기를 양념에 잰 후 졸여 만든 인도네시아 요리)
- **rasa** 맛, 기분, 느낌
- **unik** 독특하다
- **santan** 산탄(코코넛유, 코코넛밀크)
- **parutan kelapa** 야자수 열매 내부의 흰색의 과육을 긁어낸 것
- **kelapa** 야자
- **masakan Padang** 빠당 요리(수마트라 섬의 빠당 지역의 요리를 일컫는다, 맵고 santan을 많이 쓰는 것으로 유명하다.)
- **menggunakan** 사용하다
- **hati-hati** 조심하다
- **jadi** ~가 되다(= menjadi)
- **gemuk** 뚱뚱하다

P 이 른당에 들어간 재료가 뭐예요? 맛이 독특하네요.

L 여기 산탄이 들어가요. 코코넛 과육을 긁어낸 과즙이죠.

P 아, 그렇군요. 정말 맛있어요.

L 네, 빠당 요리에는 산탄이 많이 들어가요. 하지만 너무 많이 먹으면 살이 찌니 조심하세요.

★ 맛이 독특하네요. Rasanya unik.

★ 맛이 어떤가요? Rasanya bagaimana?/Rasanya seperti apa?

★ (음식) 재료가 무엇인가요? Isinya apa?

★ 살이 찌지 않도록 조심해야 합니다. Harus hati-hati supaya tidak jadi gemuk.

5

P　Ah, sudah kenyang.

L　Makanannya masih banyak. Gimana?

P　Dibungkus yuk.

L　Oke.

　　(panggil pelayan) Mbak! Tolong dibungkus, dan minta bon juga.

P　Kali ini, aku traktir ya!

L　Kok, kamu lagi? Aku saja.

- **kenyang** 배부르다
- **gimana** 어떡하지?, 어떠하다 (bagaimana의 줄임말)
- **bungkus** 포장하다
- **yuk** ~하자(권유)
- **panggil** 부르다
- **pelayan** 종업원
- **bon** 계산서
- **kali ini** 이번에
- **traktir** 한턱내다
- **kok?** 어? (생각하지 못한 일이 벌어졌을 때의 감탄사)
- **lagi** 또, 다시

P　아, 배부르다.

L　음식이 아직 많이 남았어. 어떡하지?

P　포장해 가자.

L　그러자.

　　(종업원을 부른다) 언니! 이거 싸 주시고 계산서도 주세요.

P　이번엔 내가 낼게!

L　어, 또 너가? 그냥 내가 낼게.

★ 배가 부릅니다. Saya sudah kenyang.

★ 이거 포장해 주세요. Ini dibungkus ya.

★ 내가 쏠게! Aku traktir ya!

Di rumah makan 음식점에서

L   Mbak, minta menu!

P1 Ya, ini. Mau pesan sekarang?

L   Ya, saya mau nasi goreng.

P1 Minumnya apa?

L   Minta es teh manis. Dewi, kamu mau pesan apa?

P2 Aku mau pesan pisang goreng saja, karena tidak begitu lapar.

P1 Minumnya?

P2 Minta kopi hitam.

L   아가씨, 메뉴판 좀 주세요!

P1 네, 여기 있습니다. 지금 주문하시겠습니까?

L   네, 저는 나시고렝 주세요.

P1 음료는 무엇으로 하시겠습니까?

L   에스 떼 마니스 주세요. 데위, 넌 뭐 주문할래?

P2 난 바나나 튀김만 먹을래. 그다지 배고프지 않아.

P1 음료는요?

P2 블랙커피 주세요.

> • **rumah makan** 식당
> • **pisang** 바나나
> • **lapar** 배고픈
> • **kopi** 커피
> • **hitam** 검은색(블랙커피는
>   kopi hitam이고 밀크커피는
>   kopi susu라고 함)

1 부탁

1. **Tolong + 동사 : ～해 주세요**

   Tolong bantu. 도와주세요.

   Tolong sampaikan salam saya kepada ibu Anda.

   당신의 어머니께 제 안부를 전해 주세요.

2. **Minta + 명사 : ～주세요**

   Minta air dingin. 차가운 물 좀 주세요.

   Minta bon! 계산서 주세요!

3. **Mohon + 명사 : ～해 주십시오 (minta보다 더 정중한 표현)**

   Mohon maaf. 죄송합니다. (Minta maaf.이라고도 함.)

   Mohon izin. 허락해 주십시오.

2 권유

1. **Silakan + 동사 : ～하세요**

   Silakan duduk. 앉으세요.

   Silakan makan. 드세요.

2. **Mari (kita) + 동사 : ～합시다**

   Ayo (kita) + 동사 : ～하자

   동사 + yuk : ～하자

   Mari makan. 먹읍시다

   Ayo belajar. 공부하자

   Berangkat yuk! 출발하자!

3 명령

동사 어근에 –lah를 붙인다.

> Pergi → Pergilah! 가!
>
> Coba → Cobalah terus! 계속 시도해 봐!

4 금지

1. Jangan + 동사 : ～하지 마시오

Jangan masuk. 들어오지 마시오.

Jangan pulang. 귀가하지 마시오.

Jangan takut salah. 실수할까 봐 겁내지 마세요.

Jangan khawatir. Semuanya akan baik-baik saja.
걱정하지 마세요. 모든 것이 잘될 거예요.

2. Dilarang + 동사 : ～ 금지되다
(우회적인 표현, 공공장소의 금지 표지판에서 자주 볼 수 있음)

Dilarang merokok. 금연입니다.

Dilarang mendahului 추월 금지

3. Tidak boleh + 동사 : ～하면 안 된다

Tidak boleh makan daging babi. 돼지고기를 먹으면 안 됩니다.

Tidak boleh terlambat. 늦으면 안 됩니다.

Dapur
부엌

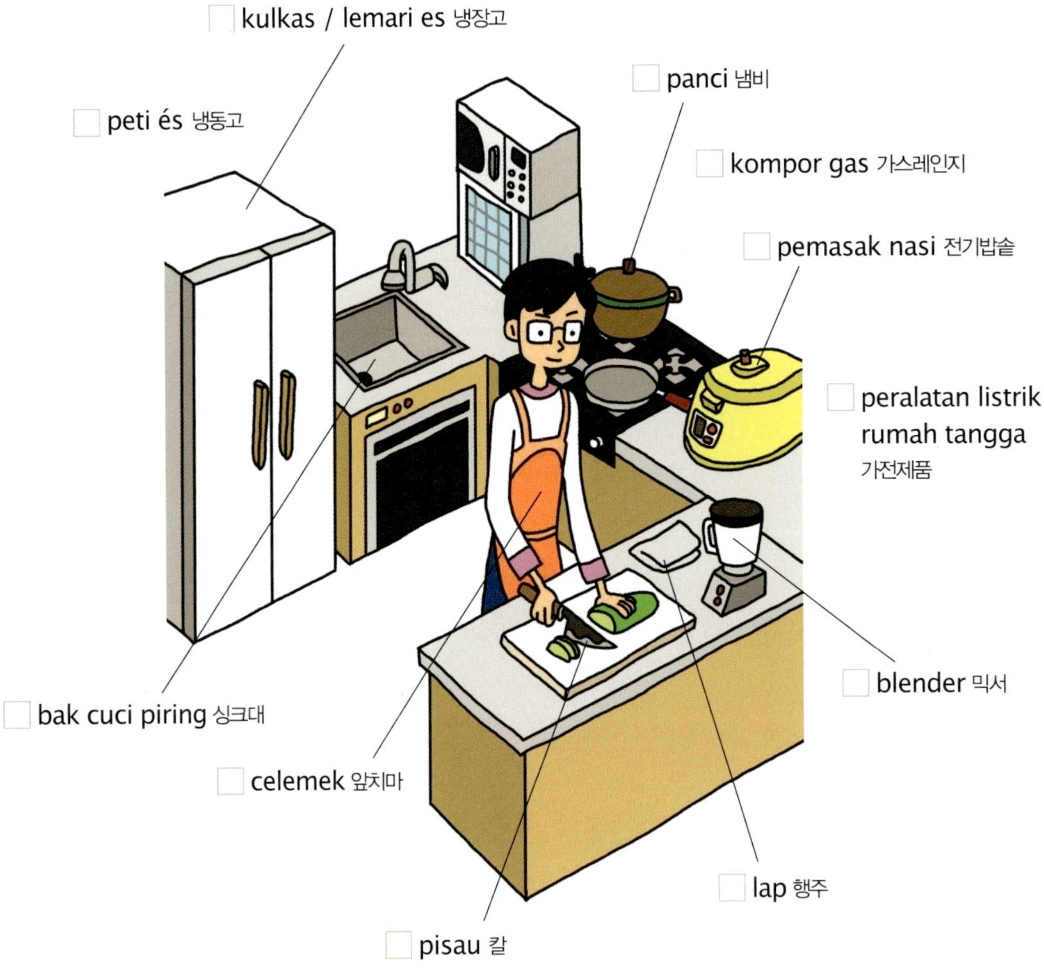

kulkas / lemari es 냉장고

panci 냄비

peti és 냉동고

kompor gas 가스레인지

pemasak nasi 전기밥솥

peralatan listrik rumah tangga 가전제품

blender 믹서

bak cuci piring 싱크대

celemek 앞치마

lap 행주

pisau 칼

보너스 단어

sudip (손잡이가 긴) 주걱 | sedotan 빨대 | tusuk gigi 이쑤시개 | memotong 자르다 |

memanggang 불에 익히다, 굽다 | merebus 삶다 | menggoreng 튀기다 | mendidihkan 끓이다

sendok 숟가락

garpu 포크

cedok 국자

sumpit 젓가락

téko, ketel 주전자

piring 접시

mangkok 그릇

garam 소금

lada 후추

gula 설탕

mayonés
마요네즈

minyak 기름

rempah 양념 | saus tomat 케첩 | kecap asin 간장 | saus 소스 | kecap manis 달콤한 간장 소스 |
sambal 매콤한 소스 | bumbu 향신료 | jahe 생강 | bawang putih 마늘 | daun bawang 파 |
bawang bombai 양파 | taoge 숙주나물, 콩나물

알아둡시다 KOSAKATA

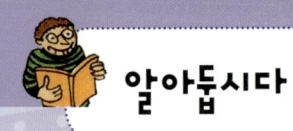

Restoran

음식점

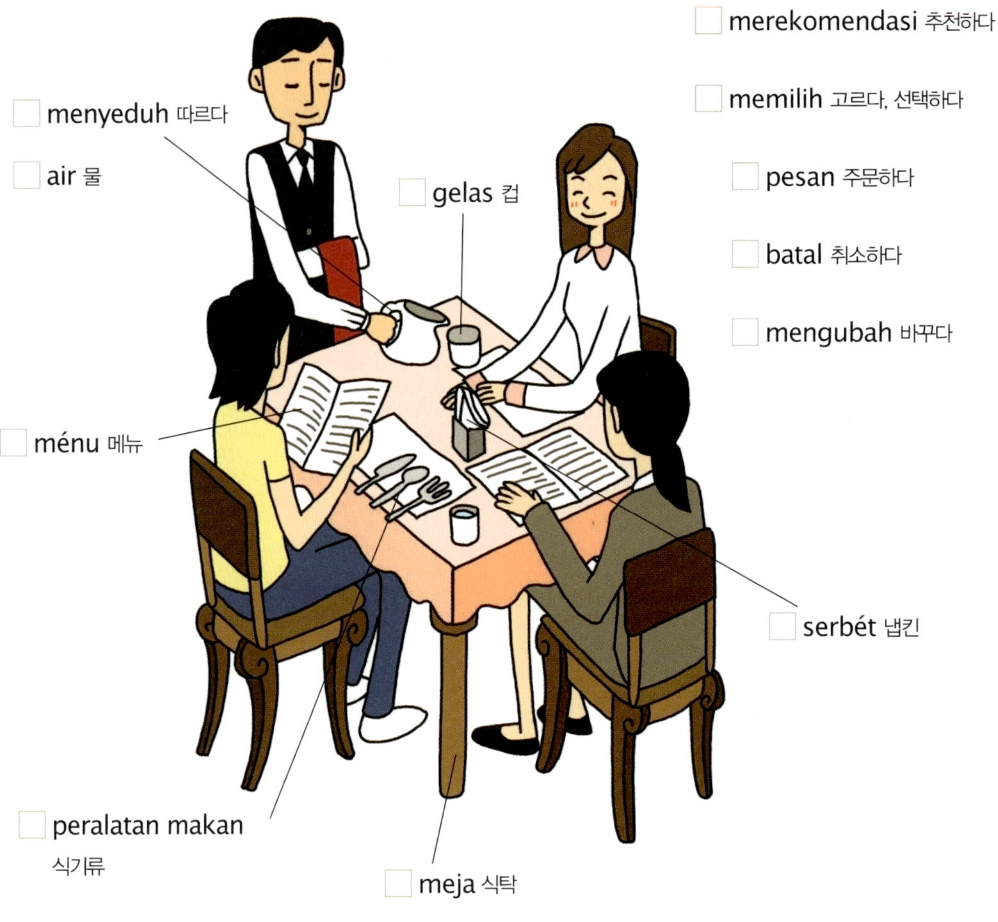

merekomendasi 추천하다
memilih 고르다, 선택하다
pesan 주문하다
batal 취소하다
mengubah 바꾸다
menyeduh 따르다
air 물
gelas 컵
ménu 메뉴
serbét 냅킨
peralatan makan 식기류
meja 식탁

보너스 단어

kaki lima 길거리 음식점 | warung makan 대중식당, 분식점 정도 규모의 작은 식당 | rumah makan 식당 | makan 먹다 | minum 마시다 | lapar 배고픈 | kenyang 배부른 | bon 계산서 | enak 맛있는 | manis 단 | asam 신 | keasinan 짠 | pedas 매운 | pahit 쓴

Masakan

음식

telur mata sapi
계란 프라이

roti 빵

selada
야채샐러드

nasi 밥

téh 차

bekal 도시락

piza 피자

udang 새우

ikan mentah
날 생선

cuci mulut
디저트

sandwich 샌드위치

보너스 단어

lauk-pauk 반찬 | bubur 죽 | sup 국 | beras 쌀 | susu 우유 | telur 달걀 | keju 치즈 |
es krim 아이스크림 | daging 고기 | daging ayam 닭고기 | daging sapi 쇠고기 |
daging babi 돼지고기 | daging kambing 염소고기 | ikan 생선 | semangka 수박 |
apel 사과 | mangga 망고 | manggis 망고스틴 | minuman keras (minuman alkohol) 술

Makanan terkenal di Indonesia

인도네시아 대표 음식

Nasi goreng(나시고렝)은 인도네시아식 볶음밥이다. Nasi는 '밥', goreng은 '볶다, 튀기다'를 뜻한다. 밥에 kecap manis라고 하는 달콤짭짤한 saushi tam(검은색 소스)와, bawang merah(붉은빛 양파), bawangputih(마늘), lada(후추), 그리고 bumbu-bumbu lain(다른 향신료들)을 넣어 같이 볶은 요리다. 취향에 따라 telur(달걀), ayam(닭), sotong(오징어), udang(새우) 등을 함께 넣고 볶아서 먹을 수 있다. 볶음밥 위에는 kerupuk(끄루뿍)이라는 새우어묵 튀김(우리나라의 새우칩 과자와 비슷하게 생겼다)과 timun(오이), tomat(토마토)를 곁들여 먹는다. 요즘 나시고렝은 한국의 유명 백화점 푸드코트나 아시아 레스토랑에서도 쉽게 찾아볼 수 있을 정도로 잘 알려지고 있다. 2011년에는 CNN에서 선정한 세계에서 가장 맛있는 요리의 2위에 선정이 되었다. 1위도 역시 rendang(른당)이라는 인도네시아 음식이었다. Rendang은 padang 지역의 요리 중의 하나로서, daging sapi(쇠고기)와 santan(산탄)이 주재료가 되는 음식이다. 그리고 bumbu rempah-rempah(양념류)가 짙은 향을 내는 것이 특징이다. 한국의 장조림 혹은 갈비찜과 비슷한 모양이다. 대부분의 masakan padang(빠당 요리)의 특징은 pedas(매콤한)하다는 것이다.

Nasi goreng [나시고렝]
인도네시아식 볶음밥

rendang [른당]
쇠고기를 양념한 후 졸여 만든
인도네시아식 장조림

Lalu lintas

교통

- 교통수단에 관한 표현
- 길 묻기
- ber- 접사
- 교통 관련 단어
- 택시 불렀어요? / 인도네시아 의성어, 의태어

1

L Hari ini jadi ke Blok M? Naik apa?

P Jadi. Bagaimana kalau naik bis? Haltenya tidak jauh dari sini.

L Aduh, bis kan panas. Naik taksi saja yuk.

P Taksi mahal dong. Kalau Trans Jakarta tidak begitu panas.

L Tarif bis berapa?

P Rp 6.500 per orang.

L Iya, iya.

- jadi 결론적으로 ~하게 되다, (접속사) 그래서
- halte 정류장
- aduh 아이고
- kan (부가의문문) ~이지 않니? (= bukan)
- Trans Jakarta 트랜스 자카르타 (버스 전용 차선을 달리는 버스)
- tarif (교통) 요금, 운임
- bis 버스

L 오늘 블록 엠에 가는 거야? 뭐 타고 갈 거야?

P 가야지. 버스 타면 어때? 정류장이 여기서 멀지 않아.

L 아이고, 버스는 덥잖아. 그냥 택시 타자.

P 택시는 비싸. 트랜스 자카르타 버스는 그다지 덥지 않아.

L 버스 요금이 얼마인데?

P 1인당 6천 5백 루피아야.

L 알았어, 알았어.

★ 오늘 블록 엠에 가는 거야? (안 가는 거야?) Hari ini jadi ke Blok M?

★ 택시를 탈 거야? (안 탈 거야?) Jadi naik taksi (atau tidak)?

★ 아구스는 아파서 출근하지 못했습니다. Agus sakit, jadi tidak bisa masuk kerja.

접속사 jadi는 두 가지 의미가 있다. 논의된 어떠한 일에 대해 결과적으로 어떻게 된 것인가를 말할 때 '~하게 되다'의 의미로 쓰인다. 반면, 접속사로 쓰이면 '그래서, 그러므로'라는 뜻이다. dong 강조의 어감사는 〈문법편 p.240〉를 참고하세요.

부가의문문 bukan (~이지 않니?)

상대방의 동의를 구하기 위해 되묻는 표현이며 문장의 맨 뒤에 온다. 줄여서 kan이라고 하는데, 주어와 동사 사이 혹은 문장의 맨 뒤에 위치한다.

Hari ini panas, bukan? 오늘 덥지 않니?

Jakarta kan macet sekali. 자카르타는 많이 막히잖아.

1 ber- 접사 형식

ber-접사가 있는 동사는 자동사인 경우가 많다. 이런 점에서 ber-접사는 다음 과에서 설명할 me-접사와 자주 비교 대상이 되는 접사이다. 보통 ber-접사가 있는 동사는 '자동사', me-접사가 있는 동사는 '타동사'로 알려져 있기 때문이다. 하지만 물론 예외는 있다.

동사 어근에 ber-접사가 결합되며, 어근에 따라 ber-의 형태는 거의 변하지 않는다. 단, 어근의 첫 음절이 kerja와 같이 er일 경우 ber-가 아닌 be-만 결합된다. 즉, bekerja가 된다. 그리고 매우 예외적으로 ajar가 어근일 경우 bel-이 결합되어 belajar가 된다. 또한, 어근의 시작이 r일 때는 ber-의 r과 중복되기 때문에 한 번만 쓴다. 이외에는 ber-형태가 유지된다.

2 ber- 접사 의미

ber-접사의 뜻은 자동사인 경우 외에도 매우 다양하다. 그 중에 자주 쓰이는 네 가지 의미를 잘 알아 두자.

1. 자동사 '어떠한 행위를 하다'

Mereka berlari. 그들은 뛰어갔다.

Pak Agus bertemu dengan Ibu Dewi. 아구스 씨는 데위 부인을 만났다.

2. 소유하다 mempunyai

Dia berbadan kurus. 그는 마른 몸이다.

3. 사용하다 menggunakan, memakai

Yanto berkaca mata. 얀또는 안경을 쓴다.

4. (언어를) 구사하다

Agus berbahasa Inggris dengan lancar. 아구스는 영어를 유창하게 구사한다.

5. 집합의 의미 (부사)

berdua 둘이   bertiga 셋이

Saya pergi ke sana berdua dengan Agus.

저는 그곳에 아구스와 둘이 갑니다.

3 ber- 접사가 사용되는 속담

Berjalan sampai ke batas, berlayar sampai ke pulau.

걸을 때는 국경까지, 항해할 때는 섬까지. (이왕 일을 시작했으면 끝까지 노력한다.)

Badai pasti berlalu.

아무리 힘든 일이라도 결국은 끝난다.

Bagai ayam bertelur di padi.

벼에 알을 낳은 닭처럼. (풍요롭고 부족함이 없다.)

Bagai padi makin berisi makin merunduk.

익은 벼가 고개를 숙이는 것처럼. (벼는 익을수록 고개를 숙인다.)

Bergantung kepada akar lapuk.

썩은 뿌리에 매달리기. (믿지 못할 상대를 믿어 해를 입는다.)

Berjalan peliharakan kaki, berkata peliharakan lidah.

걸을 때는 발을 조심하고, 말을 할 때는 혀를 조심하라.

Lidah bercabang.

혀가 가지를 가졌다. (말을 이랬다가 저랬다가 함, 한 입으로 두말 한다.)

Kucing bertanduk.

고양이가 뿔을 가지다. (해가 서쪽에서 뜨는 일, 불가능한 일)

Malu bertanya, sesat jalan.

묻는 것을 부끄러워하면, 길을 잃는다. (모르는 것은 어린아이에게라도 물어보라.)

Lalu lintas
교통

☐ jembatan
penyeberangan
육교

☐ tanda panah
화살표

☐ jalan simpang,
persimpangan
교차로

☐ perempatan
사거리

☐ pertigaan
삼거리

☐ lampu merah
신호등

☐ tanda lalu
lintas 교통신호

☐ belok kiri
좌회전

☐ belok kanan
우회전

☐ lurus
직진하다

☐ penyeberangan pejalan (kaki) 횡단보도

보너스 단어

pom bensin 주유소 | tempat tujuan 목적지 | loket karcis 매표소 | sewa mobil 렌터카 |

bensin 휘발유 = BBM (Bahan Bakar Minyak) | bis 버스 | taksi 택시 | motor 오토바이 |

mobil 자동차 | sepeda 자전거 | pesawat 비행기 | kereta api 기차 | stasiun kereta api 기차역 |

truk 트럭 | kapal 배 | bisway 버스 전용차로 | angkot 봉고차를 개조한 미니 버스(한국의 마을버스 개념) |

andong 마차 | becak 인력거 | bajai 오토바이를 개조해서 만든 교통수단

Sudah panggil taksi? 택시 불렀어요?

인도네시아에는 택시 브랜드가 매우 많다. 외국인이 혼자 택시를 타는 경우, 이들을 대상으로 한 kejahatan(범죄)가 종종 일어나기 때문에 일부 브랜드 택시는 특히 주의해야 한다. 블루버드(Blue bird) 택시는 외국인에게도 비교적 안전한 택시로 알려져 있다. 물론 100%라고 장담할 수는 없지만, 사고율이 가장 낮아 외국인들이 가장 선호하는 택시다. 인도네시아는 기후가 무덥고 kompleks perumahan(주택 단지)나 좁은 gang(골목)에서는 택시를 잡기 힘들기 때문에, 미리 panggil taksi(택시를 불러서) 외출하는 경우가 많다. 출퇴근 시간 등 도로가 macet(번잡한) 시간에는 택시를 부르면 한 시간 이상 기다려야 하는 경우도 있기 때문에, 외출할 계획이 있다면 미리 서둘러야 한다.

Onomatope & Mimetik 인도네시아 의성어와 의태어

의성어	같거나 비슷한 음절이 반복되는 단어
개 anjing: menggonggong 멍멍 짖다	수수께끼: teka teki
고양이 kucing: mengeong 야옹 하고 울다	반찬: lauk-pauk
소 sapi: mengeluh 음메 하고 울다	온갖: serba-serbi
닭 ayam: berkokok, kikeriku 꼬끼오 하고 울다	계속해서: terus-menerus
병아리 anak ayam: cipcip 짹짹거리다	나비: kupu-kupu
오리 bebek: berkuek-kuek 꽥꽥거리다	거북: kura-kura
쥐 tikus: mencicit 찍찍거리다	남자: laki-laki
	간첩: mata-mata
의태어	오징어: cumi-cumi
노크하는 소리: ketok-ketok 똑똑	허파: paru-paru
훌쩍거리며 우는 소리: hiks hiks 흑흑	
왔다갔다하다: bolak-balik	
계속 움직이다: gerak-gerik	
긁다, 찢다: corat-coret	
이리저리 움직이다, 배회하다: mondar-mandir	

Mengundang

초대

- 만남과 약속
- me- 접사
- 초대 관련 단어
- 인도네시아 화폐

1

P Ada rencana pada hari Sabtu?

L Tidak ada apa-apa. Kenapa?

P Saya mau mengundang Bapak. Bisakah Bapak datang?

L Ya, bisa.

P Kalau gitu, tolong datang ke rumah saya dengan keluarga.

L Saya datang sampai pukul berapa?

P Sampai pukul 12 siang saja.

L Ya, sampai jumpa pada hari Sabtu.

- rencana 계획
- apa-apa (부정부사와 쓰여서) 아무것도
- mengundang 초대하다
- pukul 시 (동의어 jam)
- Pukul 12 siang 낮 12시 (tengah hari라고도 함)

P 이번 주 토요일에 뭐 해요?

L 별다른 일은 없어요. 왜요?

P 그럼 저희 집에 초대하고 싶은데, 올 수 있어요?

L 네, 당연히 갈 수 있죠.

P 그럼 가족들과 저희 집에 와 주세요.

L 몇 시까지 가면 될까요?

P 낮 12시에 오세요.

L 네, 그럼 토요일에 봬요.

 잠깐만요!

★ 토요일에 계획 있어요? Ada rencana pada hari Sabtu?

★ 저희 집에 와 주세요. Tolong datang ke rumah saya.

★ 제가 몇 시까지 갈까요? Saya datang sampai pukul berapa?

★ 별 일은 없어요. 아무것도 없어요. Tidak ada apa-apa.

★ Maaf.(미안합니다)에 대한 대답은 Tidak apa-apa.(천만에요.)이다.

pergi(가다) vs. datang(오다)

A : 저희 집에 오실 수 있나요? Bisa datang ke rumah saya?
B : 네, 가겠습니다. Ya, saya akan datang.
질문에 대한 답변을 보면 '가겠습니다'라는 의미인데 datang(오다)이라고 말하고 있다. 이것은 물어보는 사람의 입장에서 한 대답이다. 대답하는 B입장에서는 pergi(가다)를 써야 맞지만 A의 입장에서 보면 B는 자신의 집으로 찾아오는 것이므로, B가 A를 배려하여 datang을 사용한 것이라 볼 수 있다.

2

P Silakan masuk. Terima kasih atas kedatangan Anda.

L Sama-sama. Ini kado saya.

P Terima kasih. Silakan duduk di sini, Pak.

L Wah, rumahnya bagus.

P Makasih. Mari kita makan dulu.

(sedang makan)

P Silakan makan yang banyak. Masakan Indonesia cocok dengan Pak Kim?

L Ya, cocok sekali. Sangat enak.

P Benar? Ada kesamaan dengan masakan Korea?

L Ada, rasa pedas banyak juga di masakan Korea. Tapi, di masakan Korea tidak banyak masakan digoreng, itu perbedaannya.

> • cocok 잘 맞다
> • kesamaan 공통점
> • perbedaan 차이점
> • pedas 맵다

P 어서 오세요. 와 주셔서 감사합니다.

L 천만에요. 이것은 제 선물입니다.

P 감사합니다. 여기에 앉으세요.

L 와, 집이 좋네요.

P 감사합니다. 일단 식사하시죠.

(식사 중)

P 많이 드세요. 인도네시아 음식이 입에 잘 맞나요?

L 네, 잘 맞아요. 정말 맛있어요.

P 정말이요? 한국 음식과 비슷한 점이 있나요?

L 있어요. 매운 맛은 한국 음식에도 많아요.
하지만, 한국 요리에는 튀긴 요리가 많지 않아요. 그것이 달라요.

잠깐만요!

★ 인도네시아 음식이 입에 잘 맞나요? Masakan Indonesia cocok dengan Pak Kim?

★ 반찬이 입에 잘 맞나요? Lauk-pauknya cocok dengan Anda?

★ 매운 맛은 한국 음식에도 많아요. Rasa pedas banyak juga di masakan Korea.

3

L Maukah jalan-jalan ke Bandung pada akhir minggu ini?

P Saya mau, tapi tidak bisa. Saya diundang pernikahan teman.

L Oh, begitu. Kalau gitu, lain kali saja.

L 이번 주말에 반둥으로 놀러 가실래요?

P 저는 가고 싶은데, 안 돼요. 친구 결혼식에 초대받았어요.

L 아, 그렇군요. 그럼, 다음번에 가죠.

- **Jalan-jalan** 여행가다
- **akhir minggu** 주말
- **diundang** 초대받다
- **pernikahan** 결혼, 결혼식
- **lain** 다른
- **kali** 번, 차례, 곱하기
- **menjadi** 되다

잠깐만요!

★ 이번 주말에 시외로 놀러 갈래요?
　Mau jalan-jalan ke luar kota pada akhir minggu ini?

★ 저는 파티에 초대받았어요.　Saya diundang pesta.

Kali를 사용한 표현

- 이번 **kali** ini
- 다음 번 lain **kali**
- 저는 네 번 결혼했습니다.　Saya menikah 4 **kali**.
  (인도네시아는 이슬람 종교법에 따라 일부다처제가 허용되고, 최대 네 번까지 결혼할 수 있다.)
- 그는 그 영화를 두 번 봤습니다.　Dia nonton film itu 2 **kali**.
- 이제 내 차례야.　Sekarang **kali** aku.
- 2 곱하기 3은 6이다.　2 **kali** 3 menjadi 6

사칙연산

더하기 (+) tambah	빼기 (−) kurang
곱하기 (×) kali	나누기 (/) bagi

4

P Halo. Selamat sore. Boleh saya berbicara dengan Pak Hasan?

L Ini saya sendiri. Maaf, ini siapa?

P Ini Dewi, Pak.

L Oh, Ibu Dewi. Ada apa?

P Besok ada wawancara di kantor. Tolong datang ke ruang meeting sampai jam 9 pagi.

L Baik. Terima kasih.

P Sama-sama. Selamat sore.

L Selamat sore.

- **Halo** 여보세요, 안녕하세요
- **berbicara** 이야기하다
  (= bicara)
- **wawancara** 면접
- **ruang rapat** 회의실
  (= ruang meeting)

P 여보세요. 안녕하세요. 하산 씨와 통화할 수 있습니까?

L 전데요, 실례지만 누구시죠?

P 저 데위예요, 부장님.

L 아, 데위 씨. 무슨 일이세요?

P 내일 사무실에서 면접이 있어요. 오전 9시까지 미팅룸으로 와 주세요.

L 알겠습니다. 감사합니다.

P 천만에요. 즐거운 오후 보내세요.

L 즐거운 오후 보내세요.

잠깐만요!

★ ~씨와 통화할 수 있습니까? Boleh saya berbicara dengan Pak/Ibu~?

★ (전화 통화에서) 접니다. Ini saya sendiri.

★ (전화 통화에서) 누구시죠? Ini dari mana?/Ini siapa?

★ 무슨 일이세요? Ada apa?

L　Ada rencana pada hari Sabtu?

P　Hari Sabtu? Kenapa?

L　Saya mau mengajak Anda ke acara perpisahan Pak Agus.

P　Memang Pak Agus mau ke mana?

L　Beliau akan ke Korea untuk bekerja

P　Oh, begitu.

L　Saya benar-benar mau ikut, tetapi sudah ada janji.

L　토요일에 일정이 있나요?
P　토요일이요? 왜요?
L　아구스 씨의 송별회에 같이 갔으면 해서요.
P　아구스 씨가 어디 가나요?
L　한국으로 일하러 가요.
P　아, 그렇군요.
L　정말 함께 가고 싶은데, 이미 약속이 있어요.

> • rencana 계획, 일정
> • mengajak 초대하다,
> 　권유하다
> • perpisahan 송별회
> • benar-benar 정말로
> • janji 약속

 잠깐만요!

★ 당신은 제 생일 파티에 오실 수 있나요?　Apakah Anda bisa datang ke pesta ulang tahun saya?

★ 정말 가고 싶은데, 선약이 있어요.　Saya benar-benar mau datang, tetapi sudah ada janji.

★ 늦게 가도 되나요?　Boleh saya datang terlambat?
　apakah를 쓰면 정중한 의문문이 된다. apakah는 별다른 의미는 없다. 평서문 형태의 의문문 앞에 붙어 정중한 뉘앙스를 더해 주는 기능을 한다.

★ 저는 영화 보는 것을 좋아해요.　Saya suka menonton film.

① me- 접사

me- 접사는 대개 타동사이다. 구어체에서는 me- 접사를 붙이지 않고 어근 자체만 사용하는 경우도 많다. 하지만 pe-, pe-an 접사와 같이 다른 품사로 변형이 될 때는 me-접사의 변형을 따른다. 그러므로 어휘의 확장 및 중급 단계의 문법을 익히는 데 있어서 me-접사의 변형 규칙은 매우 중요하다. 변형 규칙을 잘 알아 두면 me-, pe-, pe-an 등의 접사와 합쳐진 어근의 원래 형태를 추측할 수도 있게 된다. 초급에서는 중요성이 간과될 수 있지만, 인도네시아어 전체를 두고 보았을 때 가장 중요한 것이 me- 접사이다.

1. mem- : 어근의 첫 글자가 b, f, p인 경우 mem-이 되고, 그 중 p는 생략된다.

baca → membaca 읽다, membuka 열다
foto → memfoto 사진을 찍다
potong → memotong 자르다, memuji 칭찬하다

f와 b로 시작하는 어근은 mem-뒤에 그대로 붙지만 p는 생략된다. 위의 potong의 예의 경우, 구어체에서 potong 혹은 motong이라고 한다.

2. men- : 어근의 첫 글자가 c, d, j, t인 경우 men-이 되고, t는 생략된다.

cari → mencari 찾다, mencair 녹다
dorong → mendorong 밀다,
jemput → menjemput 마중 나가다, 데리러 가다
tolong → menolong 돕다, menutup 닫다

c, d, j로 시작하는 어근의 뒤에서 me-는 men-으로 변하게 된다. T도 역시 men-을 받지만 t는 생략이 된다.

3. meng- : 어근의 첫 글자가 모음 a, e, i, o, u이거나 h, g, k일 때 me-접사는 meng-으로 변한다. K는 생략된다.

ambil ➡ mengambil 가져가다, 가져오다

ejek ➡ mengejek 놀리다

ikuti ➡ mengikuti 동행하다, 따르다

obrol ➡ mengobrol 이야기하다

uap ➡ menguap 증발하다

habis ➡ menghabiskan 마치다, 끝내다

gunting ➡ menggunting 가위로 자르다

kirim ➡ mengirim 보내다

4. meny- : 어근의 첫 글자가 s일 경우 meny-가 결합하고 s는 항상 생략된다.

suka ➡ menyukai 좋아하다

s는 생략되고 ny로 변한다는 것을 영어 단어 shy에 접목해서 잘 기억하도록 하자.

5. 어근이 단음절일 경우 menge-가 붙는다.

cek ➡ mengecek 체크하다, 검사하다

lap ➡ mengelap 걸레질하다

위의 1~5번에서 언급된 것을 제외한 나머지의 경우에는 어근이 변하지 않고 me-가 붙는다.

Undangan
초대

☐ balon 풍선   ☐ pesta ulang tahun 생일 파티

☐ lilin 초

☐ kado 선물

☐ minuman ringan 음료수

☐ penganan 과자, 스낵류

☐ kue 과자, 빵 종류의 간식

보너스 단어

hadiah 상 | oleh-oleh 기념품 | sahabat 절친한 친구 | curhat 고민을 털어놓다 | perpisahan 송별회 | pernikahan 결혼식 | bos 상사 | anak buah 부하 직원

Uang Indonesia

인도네시아 화폐

RUPIAH(루피아)는 인도네시아 화폐의 명칭이다. 은행 등에서의 표기는 IDR이고, 일반적으로 Rp라고 줄여서 쓴다. 2013년 하반기 기준으로 1,000루피아는 약 130원의 가치이다. 가장 큰 단위의 지폐는 Rp100.000이다. 한국 돈으로 환산하면 약 13,000원이 된다. 인도네시아에서는 소수점과 콤마의 의미가 한국과 반대이다. 1000의 단위마다 소수점을 쓰고 소수 표현에는 콤마를 쓴다.

Rp100.000 = 약 13,000원 (전신 마사지를 한 시간 동안 받을 수 있는 금액)

Rp50.000 = 약 6,500원

Rp20.000 = 약 2,600원 (인도네시아 대중식당에서 한 끼의 식사를 할 수 있는 금액)

Rp10.000 = 약 1,300원 (베이커리 빵 한 개를 사먹을 수 있는 금액)

Rp5.000 = 약 650원 (일반 택시 기본요금, 블루버드 택시는 6,000루피아가 기본이다.)

Rp2.000 = 약 260원

Rp1.000 = 약 130원

Kegiatan sehari-hari

일상생활

- 일상, 취미에 관한 표현
- 수동태
- 취미 관련 단어
- 인도네시아 커피

1

P　Pada hari libur biasanya Bapak melakukan apa?

L　Hanya istirahat di rumah saja. Ibu Kim melakukan apa?

P　Saya biasanya pergi ke rumah orang tua.

P　쉬는 날에는 주로 뭐 하세요?

L　그냥 집에서 쉬어요. 김 여사님은 뭐 하세요?

P　저는 주로 부모님 댁에 가요.

- Hari libur 휴일
- biasanya 보통
- melakukan 행하다
- hanya 단지, 오직
- istirahat 쉬다
- tempat teman 친구 집

잠깐만요!

★ 쉬는 날에는 주로 뭐 하세요? Pada hari libur biasanya Anda melakukan apa?

★ 집에서 TV를 봐요. Saya nonton TV di rumah.

★ 가족들과 놀러 가요. Saya jalan-jalan dengan keluarga.

★ 친구 집에 놀러 가요. Saya main ke tempat teman.
　집이라는 의미로 rumah 대신에 tempat(장소)을 쓰기도 한다.

2

P Biasanya kerja Anda selesai jam berapa?

L Saya biasanya selesai jam 7.

P Setelah itu, apa yang Anda lakukan?

L Kalau baru-baru ini, saya berolah raga di pusat kebugaran. Kadang-kadang bertemu dengan teman juga.

P 보통 일이 몇 시에 끝나요?

L 저녁 7시에 끝나요.

P 퇴근 후에는 뭐 하세요?

L 요즘은 헬스클럽에서 운동을 해요. 가끔 친구를 만나기도 해요.

- **selesai** 끝나다, 마치다
- **setelah** ~ 후에
- **buat** 행하다 (melakukan의 구어체)
- **baru-baru ini** 요즘 (= akhir ini, belakangan ini)
- **berolah raga** 운동하다 (olah raga로 줄여 말하기도 함)
- **pusat kebugaran, fitness** 헬스클럽
- **kadang-kadang** 가끔
- **nonton** 보다, 시청하다 (menonton의 구어체)

잠깐만요!

★ 요즘 저는 운동을 해요. Kalau baru-baru ini, saya berolah raga.

★ 가끔 영화를 봐요. Kadang-kadang saya menonton film.

3

P Biasanya bangun jam berapa?

L Saya bangun jam 6 pagi.

P Jam berapa pergi ke kantor?

L Saya biasanya berangkat dari rumah pada jam 7.

P Makan pagi?

L Biasanya, saya makan roti saja untuk sarapan.

P Oh, gitu. Kalau saya, tidak makan pagi.

- **bangun** 일어나다
- **roti** 빵
- **makan pagi** 아침 식사를 하다
- **sarapan** 아침 식사를 하다

P 보통 몇 시에 일어나세요?

L 6시에 일어나요.

P 몇 시에 출근하세요?

L 저는 보통 7시에 집에서 출발해요.

P 아침 식사를 하시나요?

L 아침에는 주로 빵만 먹어요.

P 아, 그렇군요. 저는 아침을 먹지 않아요.

★ 보통 몇 시에 일어나세요? Biasanya Anda bangun jam berapa?

★ 저는 아침 9시에 일어나요. Saya bangun pada pukul(jam) 9 pagi.

★ 아침 식사를 하시나요? Makan pagi?

makan pagi (= sarapan) 아침을 먹다
makan siang 점심을 먹다
makan malam 저녁을 먹다

★ 저는 늦잠을 잤어요. Saya kesiangan.

★ 낮잠을 자다. Tidur siang.

> **kemudian, lalu, setelah, sebelum을 활용한 시간의 흐름 표현**
>
> Saya bangun pada jam 6. Kemudian, saya mandi dan gosok gigi. Lalu, membaca koran. Setelah makan pagi dan berpakaian, saya pergi ke kantor. Sebelum masuk kantor, saya beli secangkir kopi.
> (저는 아침 6시에 일어납니다. 그리고 나서 목욕을 하고 양치를 합니다. 그리고 신문을 읽습니다. 아침을 먹고 옷을 입은 후에 출근합니다. 사무실에 들어가기 전에 한 잔의 커피를 삽니다.)

4

L Apa hobi Anda?

P Saya suka berolahraga.

L Anda suka olahraga apa?

P Saya suka sepak bola dan bulu tangkis.

L Sering bermain?

P Ya, setiap hari Sabtu, saya bermain sepak bola di lapangan.

- hobi 취미 (= kegemaran)
- sepak bola 축구
- bulu tangkis 배드민턴
- bermain 놀다, (운동 경기를) 하다, (악기를) 연주하다
- setiap 매
- lapangan 운동장

L 취미가 뭐예요?

P 저는 운동을 좋아해요.

L 어떤 운동을 좋아하세요?

P 축구와 배드민턴을 좋아해요.

L 자주 하세요?

P 네, 매주 토요일 운동장에서 축구를 해요.

잠깐만요!

★ 취미가 뭐예요? Apa hobi Anda?/Apa kegemaran Anda?

★ 제 취미는 음악 감상입니다. Hobi saya mendengar musik.

★ 제 취미는 독서입니다. Kegemaran saya membaca buku.

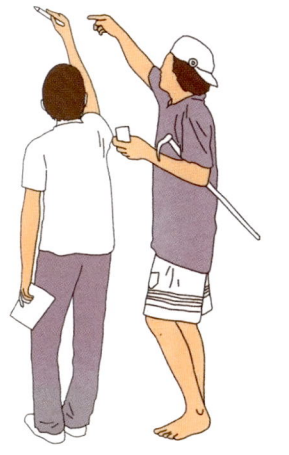

P   Apa kegiatan Bapak pada akhir minggu yang lalu?

L   Saya jalan-jalan ke gunung dengan teman.

P   Bapak suka mendaki gunung?

L   Ya, sangat suka. Saya sudah pernah mendaki banyak gunung
di Indonesia.

P   Gunung apa yang paling Bapak sukai?

L   Gunung Bromo. Pemandangannya bagus sekali. Kalau Bu Santi
apa yang Ibu lakukan saat hari libur?

P   Saya suka menonton film. Saya sering ke bioskop dengan suami
saya.

P   주말에 뭐 하셨어요?

L   친구랑 산에 갔었어요.

P   등산을 좋아하세요?

L   네, 아주 좋아해요. 인도네시아에서 이미 많은 산에 가 봤어요.

P   어느 산이 가장 좋았어요?

L   브로모 산이요. 경치가 매우 좋았어요. 산띠씨는 주말에 뭐 하는 것을 좋아해요?

P   저는 영화 보는 것을 좋아해요. 남편과 자주 극장에 가요.

① 수동태

한국어에서 수동태는 자주 쓰이는 편이 아니다. 하지만 인도네시아에서는 빈번히 쓰이는 편이며, 사물이 주어로 나오는 경우 수동태는 더욱 유용하게 쓰인다. 수동태의 문장에서 주의해야 할 점은 ❶행위자를 알 수 있는 경우인지 아닌지, 그리고 ❷행위자가 1인칭인지, 2인칭인지, 아니면 3인칭인지다. 행위자를 알 수 있는 경우, 그 행위자가 saya, Anda와 같이 1, 2인칭일 때 원래 문장의 형태(주어+동사+목적어)에서 목적어만 맨 앞으로 이동하면 수동태 문장이 된다. 단, 이때 동사의 me-접사는 빼야 한다.

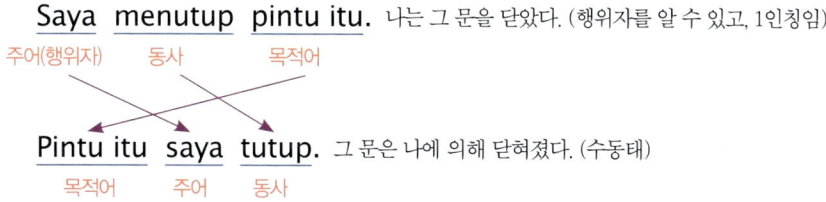

하지만 행위자가 3인칭일 때는 원래 문장의 형태에서 주어와 목적어의 위치가 바뀌고, 동사의 어근에 di-를 붙인다. 그리고 '~에 의해서'라는 의미의 전치사 oleh를 수동태 동사 뒤에 쓴다. 이 전치사는 생략해도 괜찮다.

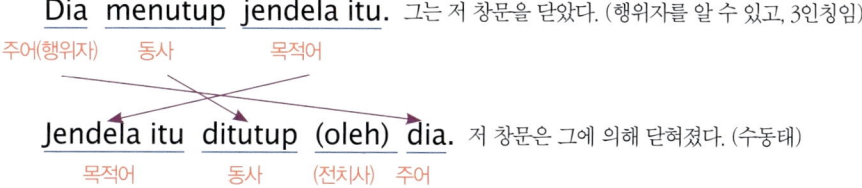

3인칭 대명사인 dia(그/그녀)가 행위자일 때 –nya로 수동태 문장에서 바꿔 쓸 수 있다. 즉, 위의 문장은 다음과 같이 변할 수 있다.

Jendela itu ditutup olehnya.

Jendela itu ditutupnya. (전치사 oleh는 생략 가능)

2 수동태 ter- 접사

행위자를 알 수 없는 경우, 혹은 행위자를 알더라도 그 행위자가 고의로 행한 것이 아닌 경우에는 접사 ter-를 이용하여 동사를 변형시켜 수동태를 만든다.

> Pintu itu tertutup. Mungkin (karena) tertiup angin. (행위자를 정확히 알 수 없음)
>
> 저 문이 닫혔다. 아마 바람 때문인 것 같다.
>
> Ekor kucing terinjak oleh saya. (행위자의 고의가 아닌 경우)
>
> 고양이 꼬리가 나에게 밟혔다.

〈참고〉

ter-접사는 형용사의 최상급의 표현에도 쓰인다. (형용사의 비교급, 최상급, 동급 p.109 참고)

> Dia tercantik di kelas saya.
>
> 그녀는 우리 반에서 가장 예쁘다.
>
> Gunung Halla tertinggi di Korea Selatan.
>
> 한라산은 남한에서 가장 높다.

3 수동태 ke-an 접사

행위자의 고의가 아닌 경우와 천재지변과 같이 어쩔 수 없는 상황에 주로 쓰이는 수동태 표현이다. 동사어근에 ke-an접사를 붙인다. 주로 쓰는 표현들이 정해져 있으므로 di-, ter-보다 한정적으로 쓰이는 표현이다.

> Tadi saya kehujanan.
>
> 아까 저는 비를 맞았습니다.
>
> Kamu ketahuan.
>
> 너는 들켰어.
>
> Saya ketinggalan bis.
>
> 저는 버스를 놓쳤습니다

Hobi, Kegemaran
취미

menari
춤추기

melukis
그림 그리기

menyanyi
노래하기

main musik
음악 연주하기

filatéli
우표 수집

memotret
사진 찍기

menjahit
바느질하기

memasak
요리하기

menonton TV
텔레비전 보기

bermain game
게임하기

menulis
글쓰기

membaca buku
책 읽기

bisbol
야구

makan
먹기

tidur
잠자기

jalan-jalan
여행, 산책

보너스 단어

nongkrong 잡담하기 | **menonton film** 영화 감상 | **main layang-layang** 연날리기 |
memanjat pohon 나무타기 | **seru** 재미있다 | **gampang** 쉽다 | **susah** 어렵다 |
bisa 할 수 있다 | **tidak bisa** 할 수 없다 | **suka** 좋아하다 | **tidak suka** 싫어하다

Kopi Indonesia

인도네시아 커피

인도네시아는 아시아 최대의 커피 생산국이다. 2008년 기준으로 349,980톤을 생산하여 세계 5위를 기록했다(국제커피협회). 인도네시아에서는 주로 아라비카와 로부스타 품종이 재배된다. Kopi termahal di dunia(세계에서 가장 비싼 커피)로 알려진 Kopi Luwak(루왁 커피)도 인도네시아의 커피다. Kopi Luwak은 사향고양이가 커피 생두를 먹은 후에 배설한 것을 가공하여 만든 커피이다. 이 커피는 소화 과정에서 발효되어 독특한 풍미를 가지고 있는 희귀한 커피이다.

인도네시아는 pulau(섬)으로 이루어진 나라로서 커피 나무가 뿌리내린 섬마다 매우 다른 느낌의 원두가 생산된다. Jawa(자와) 섬을 기준으로 왼쪽으로 Sumatra(수마트라) 섬이, 오른쪽으로 Sulawesi(술라웨시) 섬이 있는데, 이 세 지역에서 주로 커피를 재배한다. 인도네시아의 커피 역사는 18세기 중반으로 거슬러 올라간다. 당시 인도네시아를 menjajah(식민 통치하다)한 네덜란드 동인도 회사에 의해 Jawa 섬에서 커피 재배가 처음 시작됐다. Jawa의 아라비카 원두는 약간의 스모키한 맛과 스파이스의 자극적인 맛이 rasa asin(신맛)과 조화를 이루고 있으며, 세계에서 가장 좋은 품질로 인정받고 있다.

자바 원두 중에서 좋은 buah(열매)를 골라 창고에서 2~3년 정도 보관하여 신맛은 줄이고 rasa manis(단맛)을 배가시킨 올드 자바(Old Java)는 최고의 명품으로 손꼽힌다. Sumatra 섬의 서쪽 고산 지대에서 재배되는 Mandheling(만델링)은 산도가 낮고 rasa pahit(쓴맛)과 rasa manis(단맛)이 잘 조화되어 있어서, 세계 최고의 원두 중 하나로 평가받는다.

풍부한 hari matahari(일조량)와 curah hujan(강우량)으로 커피 재배의 이상적인 조건을 갖춘 Sulawesi 섬에서는 Sumatra보다 산도가 강한 Celebes Toraja(셀레베스 또라자)가 나온다. Sulawesi의 원두를 선호하는 사람들이 매우 많으며 세계 최고급으로 극찬하는 penggemar(애호가)들도 있다.

Kesehatan

건강

- 질병 및 신체 관련 표현
- pe-, pe-an, -an 접사
- 병원, 얼굴 및 신체 관련 단어
- 의료 서비스

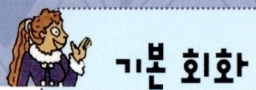

1

P Kamu kelihatan sakit.

L Ya, badan saya kurang enak.

P Gejalanya bagaimana?

L Letih dan tidak ada nafsu makan.

P Ayo kita ke dokter.

- sakit 아프다
- badan 몸
- kurang 부족하다, 덜 ~하다
- enak 편한, 맛있는, 좋은
- gejala 증상
- letih 피곤하다
- nafsu 욕구
- nafsu makan 식욕
- ayo ~하자

P 너 아파 보인다.

L 네, 몸이 안 좋아요.

P 증상이 어떤데?

L 피곤하고 입맛이 없어요.

P 병원에 가 보자.

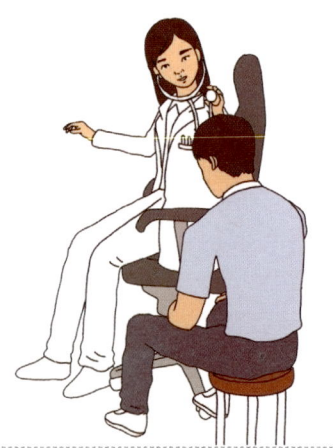

★ 아파 보여요. Anda kelihatan sakit.

★ 몸이 안 좋아요. Badan saya kurang enak.

★ 얼굴이 창백한 것 같아요. Anda kelihatan pucat.

★ 증상이 어때요? Gejalanya bagaimana?

★ 입맛이 없어요. Tidak ada nafsu makan.

★ 병원에 가 보자. Ayo kita ke dokter.
  pergi ke dokter(병원에 가다)를 직역하면 '의사에게 가다'이지만 '병원에 가다'라는 뜻으로 쓰인다.

2

L Apa yang Ibu rasakan?

P Demam dan nyeri seluruh tubuh.

L Adakah batuk dan dahak?

P Agak batuk dan hidung tersumbat.

L Saya cek dulu. Suhu badannya 39 derajat. Mungkin Ibu terkena flu.

P Jadi, saya harus bagaimana?

L Ibu harus minum obat seara teratur dan istirahat yang cukup.

- demam 열
- nyeri 쑤시다
- tubuh 몸
- batuk 기침
- dahak/riak 가래
- hidung tersumbat 코가 막히다
- suhu badan 체온
- derajat 도
- cukup 충분히, 충분하다
- beristirahat 쉬다
- terkena flu 감기에 걸리다
- secara teratur 규칙적으로

L 어디가 아프세요?

P 열이 나고 온몸이 쑤셔요

L 기침과 가래는 없나요?

P 기침이 좀 나고 코가 막혀요.

L 확인해 보겠습니다. 체온이 39도네요. 감기에 걸리신 것 같습니다.

P 그럼, 어떻게 해야 하나요?

L 규칙적으로 약을 먹고 충분히 쉬어야 합니다.

잠깐만요!

★ 증상이 어떠세요? Apa yang Anda rasakan?

★ 아픈 곳을 말하고 싶을 때는 〈Saya sakit + 신체 부위〉로 표현한다.
   Sakit mana?/Mana yang sakit? 어디가 아파요?
   Saya sakit kepala. 머리가 아파요.
   Saya sakit perut. 배가 아파요.
   Saya sakit kaki. 다리가 아파요.

★ 감기에 걸리다. Kena flu.

★ 약을 먹다. Minum obat.
   '약을 먹다'라고 할 때 makan(먹다)을 사용해야 할 것 같지만 minum(마시다)이 맞는 표현이다. 물약뿐 아니라 캡슐 형태의 약도 minum이라고 한다.

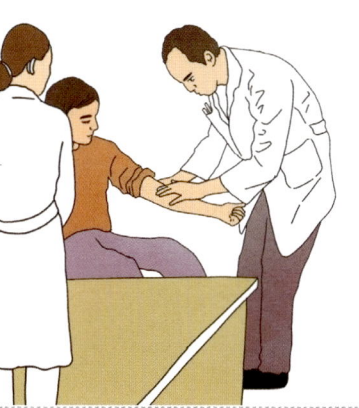

3

P   Katanya, Agus masuk angin.

L   Kasihan. Kalau masuk angin, harus mengerok punggung dengan uang logam.

P   Kenapa mengerok punggung? Kedengarannya sakit. Itu bukan tahayul?

L   Bukan. Orang Indonesia percaya cara itu adalah cara yang paling efektif untuk mengeluarkan angin.

- kasihan 불쌍하다
- punggung 등
- uang logam 동전
- kedengarannya ~인 것으로 들리다
- tahayul 미신
- efektif 효과적인
- keluarkan 내보내다

P   아구스가 마숙앙인이래.

L   안됐다. 마숙앙인이면 등을 동전으로 긁어야 돼.

P   왜 등을 긁어? 많이 아플 것 같은데 미신 아니야?

L   아니야. 인도네시아 사람들은 이 방법이 공기를 빼내는 가장 효과적인 방법이라고 믿고 있어.

★ 아구스가 마숙앙인이래. Agus masuk angin.

인도네시아에는 masuk angin이라는 병이 있다. 직역을 하면 바람(angin)이 들어오다 (masuk)라는 의미가 된다. 얼핏 감기라고 생각할 수도 있는데 감기와는 또 다른 병이다. 몸에 바람이 들어오는 증상은 에어컨 바람을 지속적으로 쐬거나, 오토바이를 타면서 오랜 시간 바람을 쐬는 등 실제로 바람에 의해 걸리는 병이라고 여겨진다. 이 병에 걸리면 몸이 쑤시고 트림을 하거나 장에서 꾸르륵 소리가 난다.

★ 너 참 안됐다/가엾다. Kasihan kamu.

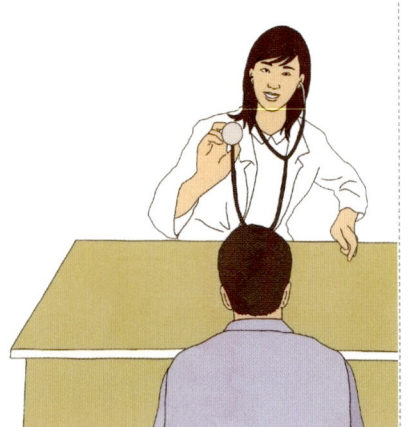

4

L Maaf terlambat. Tadi macet karena ada kecelakaan di jalan.

P Di mana?

L Di Jalan Senayan ada tabrakan mobil.

P Harus hati-hati saat menyetir mobil.

L Ngomong-ngomon, kenapa Agus dirawat di rumah sakit?

P Ya, dia kena tifus sekarang. Katanya, belum boleh pulang.

L Semoga dia cepat sembuh.

- kecelakaan 교통사고
- tabrakan 충돌
- menyetir mobil 운전하다
- ngomong-ngomon 그건 그렇고
- dirawat 간호를 받다
- tifus 티푸스
- sembuh 낫다
- menengok 병문안을 가다

L 늦어서 미안해. 아까 길에서 사고가 있어서 막혔어.

P 어디에서?

L 스나얀 가에서 차량 충돌이 있었어.

P 운전할 때는 조심해야 돼.

L 그건 그렇고, 아구스가 병원에 입원했다고?

P 응, 티푸스에 걸렸어. 아직 퇴원하면 안 된대.

L 빨리 나아야 할 텐데.

잠깐만요!

★ 늦어서 죄송합니다. Maaf (saya) terlambat.

★ 길에서 사고가 있었어요. Ada kecelakaan di jalan.

★ 자동차에 부딪혔어요. Saya bertabrakan dengan mobil.

★ 빨리 낫기를 기원합니다. Semoga cepat sembuh./Semoga lekas sembuh.

★ 아프지 마세요! Jangan sakit!

★ 걱정하지 마세요. Jangan khawatir.

P Sakit apa?

L Demam dan batuk, Dok.

P Sejak kapan ada gejala begitu?

L Sejak tadi malam.

P Ada gejala lain?

L Sedikit sakit di tenggorokan saat menelan.

P Mungkin Bapak terkena flu.

L Lalu, saya harus bagaimana, Dok?

P Bapak minum obat yang rutin dan istirahat yang cukup.

L Tapi, saya sangat sibuk.

P Kalau begitu, perbanyak minum air hangat dan konsumsi Vitamin C.

P	어디가 아프세요?
L	열이 있고 기침이 나요.
P	언제부터 그런 증상이 있었나요?
L	어젯밤부터요.
P	다른 증상은요?
L	침을 삼킬 때 목이 좀 아파요.
P	감기에 걸린 것 같네요.
L	그럼, 제가 어떻게 해야 하죠?
P	약을 드시고 충분히 쉬셔야 해요.
L	하지만 전 많이 바빠서요.
P	그럼, 따뜻한 물을 자주 마시고 비타민 C를 드세요.

- **sejak** ~부터, ~이래로
- **menelan** 침을 삼키다
- **sibuk** 바쁘다
- **tenggorokan** 기관지, 목구멍

1 사람이나 사물을 나타내는 pe– 접사와 추상명사를 만드는 pe–an 접사

어근에 pe-접사를 붙이면 어근에 관련된 '행위를 하는 사람이나 사물'이란 뜻을 가진 명사가 된다.

dagang 팔다	→ pedagang 상인	→ perdagangan 상업
kerja 일하다	→ pekerja 직원, 일꾼	→ pekerjaan 직업
tani 농사	→ petani 농부	→ pertanian 농업
laut 바다	→ pelaut 선원	
layan 봉사하다	→ pelayan 종업원	→ pelayanan 서비스
nyanyi 노래	→ penyanyi 가수	
marah 화내다	→ pemarah 화를 잘 내는 사람	
malas 게으르다	→ pemalas 게으름뱅이	→ pemalasan 게으름

2 명사를 만드는 –an 접사

동사 어근에 -an접사를 붙이면 '~할/하는 것'을 뜻하는 명사가 된다.

minum 마시다	→ minuman 마실 것, 음료
makan 먹다	→ makanan 먹을 것, 음식
baca 읽다	→ bacaan 읽을 것, 서적
cuci 빨래하다	→ cucian 빨래할 것, 빨랫감

Rumah sakit
병원

- [ ] jam praktik 진료 시간
- [ ] pasien 환자
- [ ] suntik 주사
- [ ] perawat 간호사
- [ ] rawat 간호하다
- [ ] termometer 체온계
- [ ] stetoskop 청진기
- [ ] dokter 의사
- [ ] resep 처방전
- [ ] apotik 약국
- [ ] obat 약
- [ ] pil 환약
- [ ] periksa 검사
- [ ] darah 피
- [ ] golongan darah 혈액형
- [ ] sirup 물약
- [ ] kapsul 캡슐
- [ ] tablet 알약

보너스 단어

penyakit 질병 | alergi 알레르기 | flu 감기 | flu burung 조류독감 | kencing manis/diabetes 당뇨 | kolera 콜레라 | malaria 말라리아 | asma 천식 | disentri 이질 | keracunan 식중독 | tifus 티푸스 | hamil 임신 | mensturasi 생리 | air besar 대변 | air kecil 소변 | gejala 증상 | demam 열 | tekanan darah tinggi 고혈압 | menceret 설사 | sembelit 변비 | muntah 구토 | mual 구역질 | perut kembung 복부 팽만 | sesak napas 호흡 곤란 | penyakit jantung 심장병 | nyeri (콕콕) 찌르는 통증이 있다, 쑤시다 | opname, rawat inap 입원하다 | operasi 수술 | ruang tunggu 대기실 | THT(Telinga, Hidung, Tenggorokan) 이비인후과 | UGD (Unit Gawat Darurat) 응급실

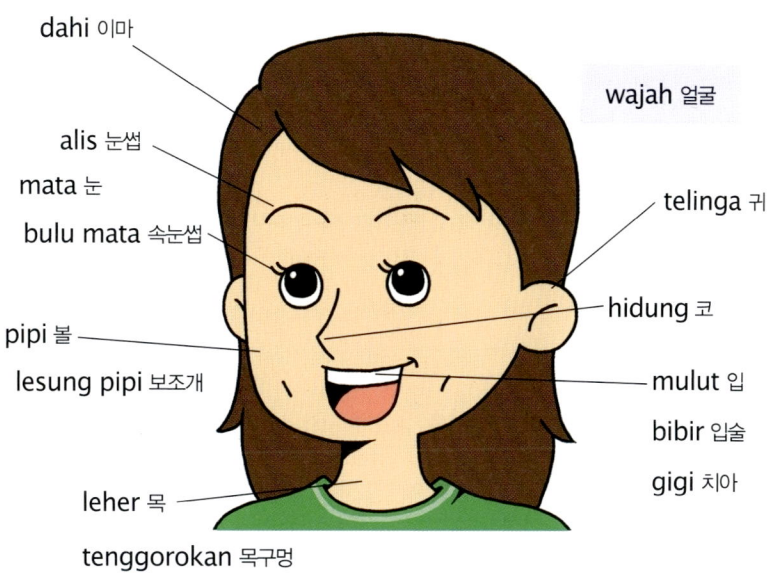

dahi 이마

wajah 얼굴

alis 눈썹

mata 눈

bulu mata 속눈썹

telinga 귀

hidung 코

pipi 볼

lesung pipi 보조개

mulut 입

bibir 입술

gigi 치아

leher 목

tenggorokan 목구멍

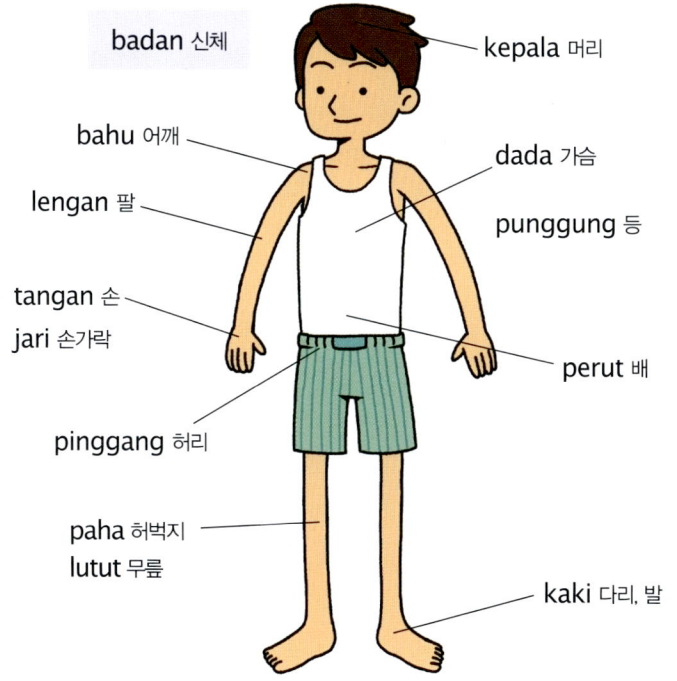

badan 신체

kepala 머리

bahu 어깨

dada 가슴

lengan 팔

punggung 등

tangan 손

jari 손가락

perut 배

pinggang 허리

paha 허벅지

lutut 무릎

kaki 다리, 발

보너스 단어

jantung 심장 | paru-paru 허파 | usus 장 | lambung 위 | usus buntu 맹장 | ginjal 신장 |
kandung kemih 방광 | hati 간

Pelayanan medis

의료 서비스

인도네시아의 의료 기관에는 rumah sakit, klinik, puskemas 등이 있다. 보통 병원이라고 하면 rumah sakit을 의미한다. Klinik은 주요 분야가 있는 전문병원이고 puskemas는 직역하면 국민건강센터가 되는데, 쉽게 보건소라고 생각하면 된다.

Puskemas는 Pusat Kesehatan Masyarakat(국민건강센터)의 singkatan(줄임말)이다. Puskemas는 daerah perumahan(거주 지역)에 널리 퍼져 있고, harga miring(저렴한 가격)으로 pengobatan(치료)을 받을 수 있기 때문에 인도네시아 사람들이 자주 이용한다. 인도네시아에 있는 한국 사람들은 보통 dokter Korea(한국 의사)가 있는 rumah sakit Korea(한국 병원)을 찾는데, 한국 병원이 없다면 잘 알려진 현지의 rumah sakit을 가는 것이 좋다.

인도네시아 apotik(약국)은 Century, Guardian, Melawai 등이 있다. obat(약), perlengkapan kecantikan(미용 용품), barang higenis(위생 용품) 등을 같이 판매한다. Resep(처방전) 없이 살 수 있고, 한국 약의 대체용으로 한국인들이 많이 찾는 약이 몇 가지 있다.

해열제 및 진통제로 쓰이는 Panadol은 세 종류가 있는데 warna biru(파란색)은 일반적인 경우에, warna merah(빨간색)은 좀 더 강한 효과를 원하는 경우에, 그리고 warna hijau(초록색)은 감기에 걸렸을 때 복용한다.

Nyamuk(모기)나 semut(개미)에 menggigit(물리다) 것을 방지하는 krim(크림)은 Autan이 있다. 보통 잠자기 전에 외부로 노출되는 kulit(피부)에 적정량을 바른다.

Jalan-jalan ke Bali

발리 여행가기

- 휴가 계획 이야기하기
- 기내 방송
- 접속사
- 이슬람교의 5대 의무

1

L   Kapan berlibur?

P   Libur saya dari hari Rabu depan. Selama 5 hari.

L   Rencana ke mana?

P   Tiga hari pertama di pulau Bali dulu, lalu pindah ke pulau Lombok.

L   Wah, bagus. Aku jadi iri.

• berlibur 휴가를 가다
• pulau 섬
• pindah 이동하다, 이사가다
• iri 질투하다

L   휴가 언제 가니?

P   내 휴가는 다음 주 수요일부터야. 5일간 떠나.

L   어디로 갈 예정이야?

P   처음 3일간 먼저 발리섬에서 있다가, 롬복섬으로 이동할 거야.

L   와, 정말 좋겠다. 부러워.

잠깐만요!

발리(Bali)

발리는 한국 사람들에게 영화 〈발리에서 생긴 일〉로 유명한 관광지이다. 인도네시아 동쪽에 있는 섬이며 최근에는 발리 섬 근처의 롬복(Lombok) 섬도 유명해지고 있다. 발리는 아름다운 해변과 해양 스포츠, 그리고 해산물 요리와 커피가 유명하다. '발리'가 '신들에게 바치는 선물'이라는 의미를 가졌듯이 자연경관이 매우 아름다운 곳이다. 인도네시아 사람들뿐만 아니라 한국 사람들도 많이 찾는 신혼여행지이다.

2

Bapak-bapak dan ibu-ibu yang terhormat, pesawat kami akan sampai di bandara Ngurah Rai di Bali sebentar lagi. Terima kasih.

(turun dari pesawat)

L   Di mana kita ambil bagasi?

P   Katanya di tempat pengambilan bagasi nomor 2.

L   Oh, koperku sudah keluar!

P   Benar? Cepat sekali.

- terhormat 존경하는
- pesawat 비행기
- bandara 공항
- bagasi 짐
- koper 여행용 가방

존경하는 손님 여러분, 저희 비행기는 잠시 후에 발리 응우라라이 공항에 도착합니다. 감사합니다.

(비행기에서 내린다.)

L   우리 짐은 어디서 찾지?

P   듣기로는 2번 컨베이어 벨트라던데.

L   오, 내 짐 벌써 나왔다!

P   정말? 진짜 빠르다.

잠깐만요!

★ 손님 여러분 Bapak-bapak dan ibu-ibu
공식 행사에서는 "신사 숙녀 여러분"이라고 말할 때 이렇게 표현한다.

★ 짐을 찾다 ambil bagasi

힌두교 설날, 녜삐(Nyepi)

녜삐(Nyepi)는 힌두교 최대의 명절이며, 발리에서뿐만 아니라 인도네시아 국경일로 지정되어 전 국민이 이 날을 기념한다.

Nyepi가 되면 발리 섬 내에 아무도 없다는 인식을 주기 위해 모든 불을 끄고 응우라 라이 국제공항을 비롯하여 모든 관공서와 상점의 문을 닫는다. 즉, 악령이 발리 섬에 아무도 없다는 것처럼 보이게 하여 쫓아버리기 위한 것이다.

발리 주민들은 Nyepi 하루 전날 'ogoh-ogoh(오고오고)'라는 악령의 모형을 만들어 거리 행진을 하고 모형을 태우는 의식을 한다. 이것은 '부활'과 '정화'를 상징하는 것이다.

 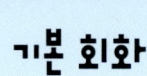 기본 회화

PERCAKAPAN DASAR

3

L Obyek wisata terkenal di Bali ada apa saja?

P Ada banyak. Uluwatu, Tanah Lot, Ubud, Kuta dan lain-lain. Kalau suka, bisa berselancar, dan menyelam. Kemudian, bisa menikmati seafood segar di Jimbaran.

L Wah, bagaimana saya bisa melihat dan melakukan semuanya? Saya rasa 4 hari 3 malam tidak akan cukup.

P Kalau tidak cukup waktu, coba kontak agen sewa mobil. Bapak bisa sewa mobil termasuk supir dan bensin.

L Ide yang bagus.

> • obyek wisata 관광지
> • berselancar 서핑
> • menyelam 스노클링
> • kontak 연락하다
> • sewa mobil 차를 렌트하다
> • ide 아이디어

L 발리의 유명 관광지는 어디인가요?

P 많아요. 울루와뚜, 따나 롯, 우붓, 꾸따 등이죠. 좋아하신다면 서핑이나 스노클링을 할 수 있어요. 그리고 짐바란에서 신선한 해산물을 드실 수 있습니다.

L 와, 어떻게 다 볼 수 있죠? 3박 4일로 부족할 것 같네요.

P 시간이 없으면, 렌터카를 알아보세요. 기사와 휘발유를 포함해서 렌트할 수 있어요.

L 좋은 생각이네요.

 잠깐만요!

★ 발리는 뭐가 유명해요? Bali terkenal dengan apa?

★ 좋은 생각이네요. Ide yang bagus.

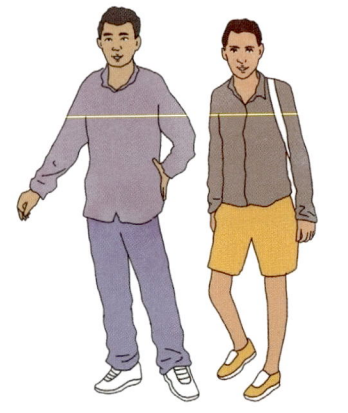

보너스 단어

perjalanan 여행 | berjemur 일광욕하다 | terbakar (살이) 타다 | pesisir pantai 해변 | pakaian renang/baju renang 수영복 | kacamata renang 물안경

4

L   Kenapa orang Bali makan daging babi? Bukankah itu haram?

P   Ya, dalam Islam itu memang haram. Tapi, mayoritas orang Bali bukan beragama Islam.

L   Kalau gitu, apa agama mayoritas mereka?

P   Hindu. Maka, mereka boleh makan daging babi tetapi tidak boleh makan daging sapi.

L   Menarik. Indonesia kan negara Islam yang paling besar di dunia?

- **kenapa** 왜
- **karena** 왜냐하면
- **daging babi** 돼지고기
- **daging sapi** 쇠고기
- **haram** 금지, 금기 사항

L   발리 사람들은 왜 돼지고기를 먹어요? 금지된 것 아닌가요?

P   아니에요. 발리 사람들은 무슬림이 아니기 때문에 돼지고기를 먹어도 돼요.

L   그럼 종교가 뭐예요?

P   힌두교입니다. 그래서 돼지고기는 먹지만 쇠고기는 먹지 않아요.

L   재미있군요. 인도네시아는 세계 최대의 이슬람국가이지 않나요?

★ 발리 사람들은 왜 돼지고기를 먹어요?   Kenapa orang Bali makan daging babi?

★ 그들은 돼지고기를 먹지만 쇠고기는 먹지 않아요.
   Mereka boleh makan daging babi tetapi tidak boleh makan daging sapi.
   인도네시아는 세계 최대의 이슬람 국가이지만 일부 지역에서는 힌두교, 기독교와 같이 다른 종교를 믿고 있다. 발리는 힌두교를, 술라웨시 북부의 일부 지역들은 기독교를 믿는다.

P   Besok kakak laki-laki saya menikah.

L   Wah, selamat! Biasanya, orang Indonesia pergi ke mana untuk bulan madu?

P   Biasanya ke Bali.

L   Mbak Dewi pernah ke Bali?

P   Belum. Pak Kim pernah?

L   Ya, tahun lalu.

P   내일 오빠가 결혼해요.

L   와, 축하해요! 인도네시아 사람들은 보통 어디로 신혼여행을 가요?

P   보통 발리로 가요.

L   데위 씨는 발리에 가 본 적이 있어요?

P   아니요, 아직 없어요. 김 선생님은 발리에 가 본 적이 있으세요?

L   네, 저는 작년에 갔다 왔어요.

- biasanya 보통
- untuk ~를 위해
- bulan madu 신혼여행
- pernah ~한 적이 있다
- tahun lalu 작년

잠깐만요!

★ 인도네시아 사람들은 보통 어디로 신혼여행을 갑니까?
    Biasanya orang Indonesia pergi ke mana untuk bulan madu?

★ 저는 발리에 가 본 적이 없어요. Saya belum pernah pergi ke Bali.

1 접속사

- **dan : 그리고**

  Dewi **dan** Yuri pergi menonton film bersama.

  데위와 유리는 함께 영화를 보러 갔다.

  Dia punya sepasang anjing, jantan **dan** betina.

  그는 암컷과 수컷 한 쌍의 강아지를 가지고 있다.

- **atau : 혹은**

  Dia laki-laki **atau** perempuan?

  그 사람은 남자인가요, 아니면 여자인가요?

  Pilihannya hanya satu, berhasil **atau** gagal.

  선택은 하나다. 성공하거나 실패하거나.

- **tetapi : 하지만**

  Juli cantik **tetapi** tidak pandai.

  줄리는 예쁘지만 영리하지 않다.

- **sebelum : ~하기 전**

  Sedia payung **sebelum** hujan.

  비가 오기 전에 우산을 준비한다. (유비무환)

- **setelah / sesudah : ~(한) 후**

  Kulit saya terbakar matahari **setelah** berenang.

  수영하고 나서 햇볕에 피부가 탔어요.

  Setelah selesai tugasnya di Korea, dia akan kembali ke Indonesia.

  한국에서 임무를 마치고 나서, 그는 인도네시아로 돌아갈 것이다.

TATA BAHASA

- **lalu ~ : ~하고 나서**

  Dia ganti baju lalu berangkat ke kantor.

  그는 옷을 갈아입고 사무실로 출발했다.

- **kemudian : ~하고 나서**

  Agus berdiri, kemudian berjalan ke arah selatan.

  아구스는 일어나서, 남쪽 방향으로 걸어갔다.

- **ketika : ~할 때**

  Ketika kami menonton TV, dia datang.

  우리가 텔레비전을 보고 있을 때, 그가 왔다.

- **waktu : ~할 때**

  Di Indonesia, waktu pertama kali bertemu, lebih baik tidak ber-tanya usia seseorang.

  인도네시아에서는 처음 만났을 때, 상대방의 나이를 묻지 않는 것이 좋다.

  Bapak saya meninggal dunia waktu saya kecil.

  아버지는 제가 어렸을 때 돌아가셨습니다.

- **kalau : 만약 ~라면**

  Kalau Anda bekerja keras, pasti akan sukses.

  당신이 열심히 일한다면, 반드시 성공할 것입니다.

- **walaupun : 비록 ~할지라도**

  Walaupun kaya, dia tidak sombong.

  그는 비록 부자일지라도 거만하지 않다.

- **supaya, agar : ~하기 위해서, ~하도록**

  Dia mengajak anak-anak supaya rajin makan sayur.

  그녀는 아이들이 야채를 잘 먹도록 부추겼다.

- **sambil** : ～하면서

Dia berjalan sambil matanya terus saja melihat HP.

그는 계속 휴대전화를 보면서 걸었다.

- **padahal** : 반면에, 하지만 (실은)

Saya merasa sudah mengenalnya lama, padahal baru mengenal-nya beberapa hari.

알고 지낸 지 사실 며칠 밖에 안 됐는데, 나는 그를 오랫동안 알고 지낸 듯한 느낌이 들었다.

Karyawan itu masih sering datang terlambat, padahal direktur sudah sering menegurnya.

사실 사장이 자주 경고를 주었는데 그 직원은 여전히 지각이 잦다.

- **maka, jadi** : 그래서, 그러므로

Restoran ini sangat terkenal di Jakarta, maka selalu ramai.

이 식당은 자카르타에서 매우 유명하다. 그래서 항상 사람이 많다.

Dengan terpilihnya direktur muda, maka perusahaan ini kita harapkan akan lebih maju.

젊은 사장이 선출되어서, 우리는 이 회사가 더욱 발전하리라 기대한다.

- **oleh karena itu, oleh sebab itu, akibatnya** : ～뿐만 아니라, ～또한

- **baik ~ maupun ~** : ～또한 / 역시

Baik Yanto maupun Agus berasal dari Sunda.

얀또뿐만 아니라 아구스도 순다 출신이다.

- **bukan ~(명사) melainkan / tidak ~(동사, 형용사) tetapi :**
~가 아니라 ～이다.

Dia bukan ibu saya, melainkan bibi saya.

그는 나의 어머니가 아니라 이모이다.

Bukan Amin yang mengalami kecelakaan itu, melainkan ayahnya.

사고를 당한 사람은 아민이 아니라, 그의 아버지이다

Mereka tidak datang sendirian, tetapi bersama ayah dan ibunya.

그들은 혼자 온 것이 아니라, 부모님과 함께 왔다.

Mereka tidak pergi ke Bandung, tetapi ke Jogyakarta.

그들은 반둥에 간 것이 아니라 족자카르타에 갔다.

- makin ~ makin ~ : ~하면 할수록 ~이다

Makin lama ia makin cantik. 시간이 지날수록 그녀는 점점 예뻐진다.

Makin hari perusahaannya makin maju.

날이 갈수록 그 회사는 점점 발전했다.

Mengemudi
운전

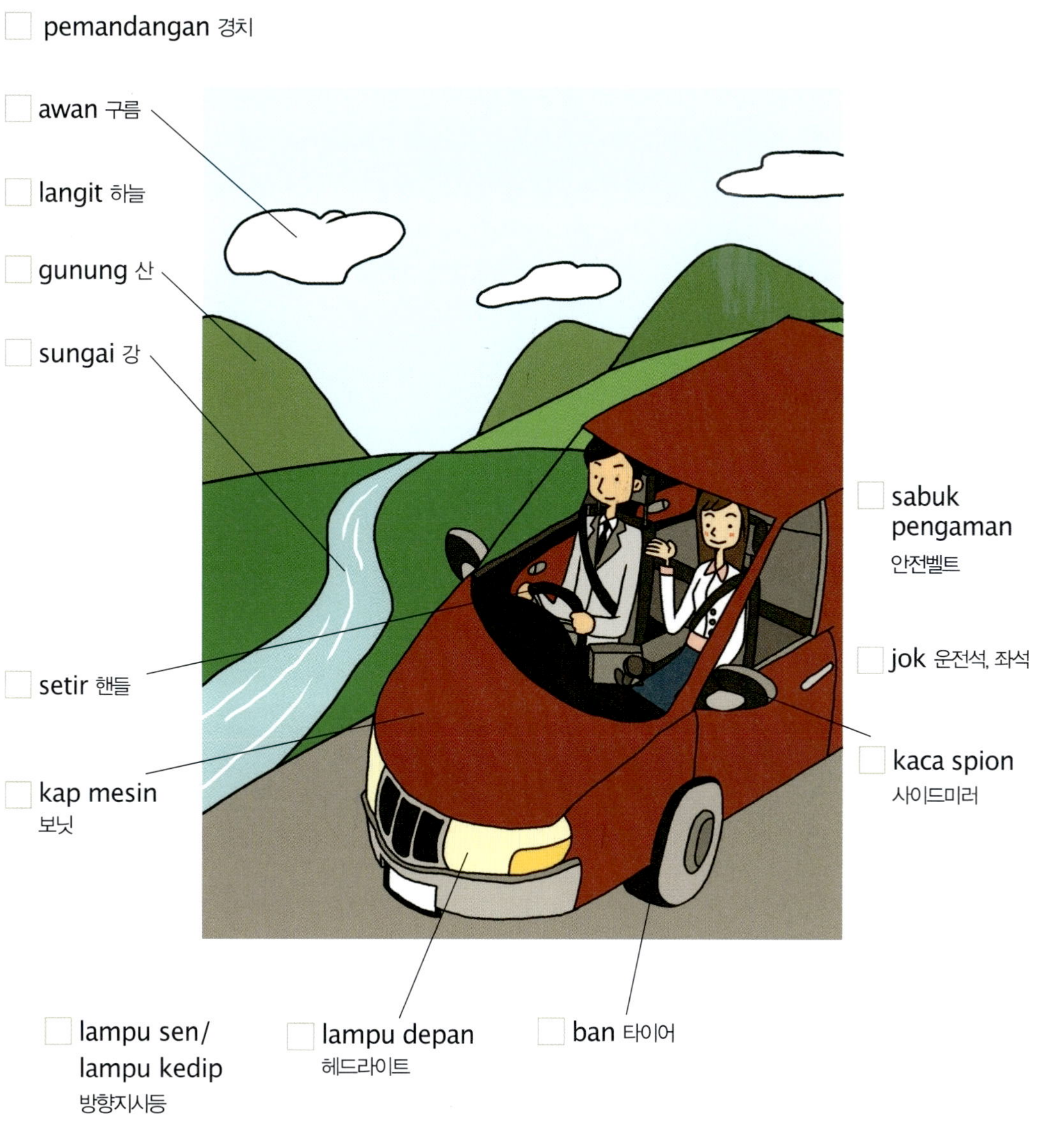

☐ pemandangan 경치

☐ awan 구름

☐ langit 하늘

☐ gunung 산

☐ sungai 강

☐ setir 핸들

☐ kap mesin
보닛

☐ sabuk pengaman
안전벨트

☐ jok 운전석, 좌석

☐ kaca spion
사이드미러

☐ lampu sen/
lampu kedip
방향지시등

☐ lampu depan
헤드라이트

☐ ban 타이어

5 Rukun Islam yang Wajib bagi umat Islam

이슬람교의 5대 의무

인도네시아는 세계 최대의 negara Islam(이슬람 국가)이다. 2009년의 조사에 따르면 warga negara(국민)의 88%인 2억 명이 muslim(무슬림)이다. 이슬람 경전인 Al-Quran(알 꾸란)에는 muslim으로서 행해야 하는 5대 의무에 대해 명기하고 있다.

Pertama(첫째), 신앙고백이다. Muslim은 agama Islam(이슬람교)에 입문할 때, Al-lah(알라)는 Tuan(유일신)이고 Mohammad(모함메드)는 그가 보낸 선지자라는 내용의 신앙고백을 해야 한다.

Kedua(둘째), solat(기도)이다. 모든 무슬림은 하루의 5번 메카를 향해 기도해야 한다. 하루에 5번 musolah에서 기도를 하고, 매주 금요일 정오에는 이슬람 사원에서 Jumatan(금요예배)을 드린다. 여행을 떠날 때도 무슬림들은 나침반을 지니며 메카의 방향을 미리 체크하여 기도를 드리는 의식을 빼먹지 않도록 노력한다.

Ketiga(셋째), puasa(단식)이다. 이슬람력으로 9월인 라마단달 한 달간 행해지는 단식이다. 단식이 끝나면 '르바란'이라는 단식 축하 축제이자 일 년 중 최대의 명절을 맞는다. 노약자나 임산부와 같이 건강에 무리가 갈 수 있는 사람들을 제외한 모든 무슬림들은 단식 기간 중에는 해가 뜬 직후부터 해질녘까지 단식을 한다. 이러한 단식의 진정한 의미는 이슬람의 기본적인 규범과 원칙에 입각하여 절제와 분배의 미덕을 보전하고자 하는 정신을 일깨우는 데 있다.

Keempat(넷째), haj(순례)이다. 무슬림이라면 일생에 한 번 메카로 성지순례를 다녀와야 한다. 순례는 이슬람력으로 하지라고 하는 12월에 떠난다. 경비는 많이 들지만 스스로 부담해야 하기 때문에 여건이 허락하지 않으면 힘들 수도 있다. 일생 한 번의 순례를 위해 수년간 돈을 모으는 무슬림도 적지 않다. 순례를 마친 사람들은 남자의 경우에 haji(하지), 여자의 경우에 hajah(하자)라는 존칭의 의미를 담은 용어가 이름 앞에 추가된다. 무슬림 친구에게 명함을 받았는데, 그 친구가 순례를 마쳤다면 이름 앞에 이러한 칭호가 쓰여져 있는 것을 발견할 수 있을 것이다.

Kelima(다섯 째), zakat(희사)는 모든 무슬림의 종교적 의무이자 관행으로 간주된다. 경제적으로 부유한 무슬림들은 자신의 부(富)를 가난한 이들에게 나눠 줄 의무가 있다. 농산물이나 광산물, 음식 등을 포함하여 거의 모든 형태의 부가 나눔의 대상이 된다. 개인의 재산을 비롯한 그의 모든 것을 정화시키는 의미를 가지고 있으며 더불어 사회적으로도 이익이 된다는 믿음으로 행해진다.

Tempat wisata

여행지

- 반둥, 브로모 산, 보로부두르 사원
- 환전하기
- 부정대명사
- 은행 관련 단어
- 족자카르타

 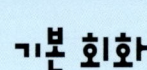

1

L   Ibu Siti mau liburan ke mana?
P   Saya mau ke Bunaken.
L   Bunaken? Itu di mana?
P   Bunaken itu salah satu pulau di Manado. Ada di sebelah utara pulau Sulawesi.
L   Apa yang terkenal di sana?
P   Bunaken terkenal dengan taman laut. Taman laut itu sangat indah. Di sana bisa menyelam, foto bawah laut, dan menikmati keindahan alam sekitar dengan menggunakan perahu.
L   Wah, kedengarannya menarik sekali!
P   Kapan-kapan Bapak juga coba pergi sana. Kalau Pak Agus mau ke mana selama liburan?
L   Saya mau pulang kampung.

- foto 사진, 사진을 찍다
- keindahan 아름다움
- alam sekitar 자연
- perahu 배
- menarik 흥미롭다, 재미있다
- pulang kampung 귀향하다, 고향에 가다

L   시띠 부인은 휴가를 어디로 가실 건가요?
P   저는 부나켄에 가려고 해요.
L   부나켄이요? 그게 어디에 있어요?
P   부나켄은 마나도에 있는 섬 중의 하나예요. 술라웨시 섬 북쪽에 있어요.
L   그곳은 뭐가 유명해요?
P   부나켄은 바다정원으로 유명해요. 그 바다정원은 매우 아름다워요. 그곳에서 스노클링, 바닷속 촬영, 그리고 배를 타고 아름다운 자연을 만끽할 수 있어요.
L   와, 정말 흥미롭게 들리는데요!
P   언제 한번 거기에 가 보세요. 아구스씨는 휴가 동안 어디에 갈 건가요?
L   저는 고향에 가려고 합니다.

 잠깐만요!

★ 그곳은 뭐가 유명해요? Apa yang terkenal di sana?

★ 정말 흥미롭게 들리는데요! Kedengarannya menarik sekali!

1

Bandung merupakan salah satu kota wisata yang tidak begitu jauh dari kota Jakarta. Jaraknya cukup dekat, kurang lebih 180km dari Jakarta. Kalau menggunakan kendaraan pribadi, bisa sampai dalam 3 jam. Bandung terkenal dengan beberapa tujuan wisata termasuk gunung Tangkuban Perahu. Selain itu, tempat-tempat berbelanja(outlet), dan makanan manis sangat terkenal. Gunung Tangkuban Perahu terletak di sebelah utara Bandung. Gunung tersebut adalah gunung berapi yang masih aktif. Kita bisa mencium bau gas belerang saat mendaki. Lalu, makin dekat pada puncak, makin dingin udaranya. Di Bandung ada banyak outlet dan barangnya murah sekali. Maka, orang-orang dari luar Bandung begitu rajin mencari barang murah di sana. Brownies dan kue-kue manis lain pun bukan pengecualian karena itu makanan khas Bandung. Kapan-kapan cobalah menikmati makanan enak, perbelanjaan, pemandangan dan hawa dingin kota Bandung.

- salah satu ~ 중 하나
- kendaraan 운송 기구
- terkenal dengan ~
  ~로 유명하다
- tujuan 목적지
- wisata 여행
- termasuk 포함하다
- tersebut 언급된
- gunung berapi 활화산
- aktif 활동하다
- cium (향, 냄새를) 맡다
- bau 냄새
- begitu 그렇게, 그다지
- makin ~ makin ~
  ~할수록 ~하다
- puncak 정상
- belerang 유황
- kue 과자, 빵
- dikeluarkan 빼다
- jajan 군것질
- khas 특별한
- menikmati 즐기다

반둥은 자카르타에서 그다지 멀지 않은 관광지 중의 하나이다. 꽤 가까운 거리로, 자카르타에서 대략 180km 떨어져 있다. 자가용을 이용한다면 3시간 안에 도착할 수 있다. 반둥은 땅꾸반뻐라후 산을 포함하여 여러 관광지로 유명하다. 그 외에 쇼핑(아울렛), 그리고 달콤한 음식도 매우 유명하다. 땅꾸반뻐라후 산은 반둥 북쪽에 위치하고 있다. 그 산은 아직 활동 중인 화산이다. 등반할 때 유황 냄새를 맡을 수 있다. 그리고 가까워질수록, 매우 추워진다. 반둥에는 아울렛이 많고, 물건들이 매우 저렴하다. 그래서 반둥 외의 지역 사람들이 그렇게 열심히 싼 물건을 찾으려고 하는 것이다. 브라우니와 달콤한 과자들도 빼놓을 수 없다. 왜냐하면 반둥의 특별한 음식이기 때문이다. 꼭 한 번 반둥에서 맛있는 음식, 쇼핑, 경치, 그리고 차가운 공기를 만끽해 보기 바란다.

잠깐만요!

★ 그다지 멀지 않다. Tidak begitu jauh.

★ 정상에 가까울수록 더 추워진다. Makin dekat pada puncak, makin dingin udaranya.

★ 싼 물건을 찾으려고 혈안이 되다. Begitu rajin mencari barang murah.

2

Gunung Bromo terletak di Tengger, Jawa Timur dan ketinggiannya mencapai 2.329m. Gunung Bromo adalah gurung berapi yang masih aktif. Pemandangan indah pada pagi di Gunung Bromo sangat terkenal. Banyak wisatawan baik domestik maupun luar negeri mengunjungi gunung tersebut untuk menikmati keindahannya. Udara di gunung Bromo sangat dingin. Maka, Anda harus membawa jaket musim dingin, sarung tangan, dan topi kalau mau ke gunung itu.

- **terletak di** ~에 위치하다
- **ketinggian** 높이
- **mencapai** 달하다
- **berapi** 불을 가진
- **aktif** 활동하는
- **pemandangan** 풍경
- **wisatawan** 여행자
- **domestik** 국내
- **luar negeri** 국외
- **baik A maupun B** A뿐만 아니라 B도
- **mengunjungi** 방문하다
- **menikmati** 즐기다, 만끽하다
- **udara** 공기
- **matahari terbit** 일출

브로모 산은 동부 자와의 땡가르에 위치하고 있고 그 높이는 2,329m에 달한다. 브로모 산은 아직 활동 중인 화산이다. 브로모 산의 아름다운 아침 풍경은 매우 유명하다. 많은 국내외 여행자들이 그 산의 아름다움을 만끽하기 위해 방문하고 있다. 브로모 산의 기후는 매우 춥다. 그래서, 그 산에 가고 싶다면 겨울용 재킷, 장갑, 그리고 모자를 챙겨야 한다.

잠깐만요!

★ 많은 국내외의 여행자들이 그 산에 방문한다.
Banyak wisatawan baik domestik maupun luar negeri mengunjungi gunung tersebut.

3

Siapa tak kenal Candi Borobudur? Candi Buddha ini memiliki 1.460 relief dan 504 stupa Buddha di kompleksnya. Jutaan orang sangat ingin mengunjungi bangunan yang termasuk dalam *World Wonder Heritages* ini. Tak mengherankan, sebab secara arsitektural maupun fungsinya sebagai tempat ibadah, Borobudur memang memikat hati. Keseluruhan relief yang ada di candi Borobudur mencerminkan ajaran sang Buddha. Karenanya, candi ini dapat dijadikan media edukasi bagi orang-orang yang ingin mempelajari ajaran Buddha.

- relief 조각
- stupa 불탑, 탑
- jutaan 수백의
- kompleks 복합단지, 단지
- mendamba 매우 원하다
- mengunjungi 방문하다
- mengherankan 놀라운
- sebab 때문에
- arsitektural 건축학적인
- fungsi 기능
- ibadah 예배
- memikat hati 마음을 끌다, 매력이 있다
- penganut agama 종교 신봉자
- umat Buddha 불교신자

보로부두르 사원을 모르는 사람이 있을까? 이 불교 사원은 1,460개의 조각과 504개의 불탑을 가지고 있는 단지이다. 수백만 명의 사람들이 세계 유산에 등재된 이 건축물에 방문하기를 매우 원하고 있다. 놀랄 것도 아닌 것이, 건축학적으로나 예배 장소로서의 기능적으로나 보로부두르는 분명 마음을 끄는 매력이 있다. 보로부두르 사원에 있는 조각 대부분은 부처의 가르침을 반영하고 있다. 그렇기 때문에, 이 사원은 부처의 가르침을 배우고자 하는 사람들에게 있어서 교육적인 매체가 될 수 있다.

L　Tolong tukar uang saya.

P　Mau menukar uang apa dan berapa jumlahnya?

L　Saya mau menukar dolar dengan rupiah. Ini 100 dolar.
　　Berapa nilai tukar dolar hari ini?

P　8.700 rupiah per dolar, Pak. Tolong tanda tangan di sini.

L　Ya.

P　Ini, pak. 870.000 rupiah. Silakan periksa.

L　Tepat. Terima kasih.

P　Semoga perjalanan Bapak menyenangkan.

L　환전해 주세요.

P　어떤 돈을 환전하고 싶으신가요, 금액은요?

L　달러를 루피아로 바꾸고 싶어요. 여기 100달러입니다. 오늘 환율이 얼마죠?

P　달러당 8,700루피아입니다, 손님. 여기에 서명해 주세요.

L　네.

P　여기요, 손님. 870,000루피아입니다. 확인해 보세요.

L　맞습니다. 감사합니다.

P　즐거운 여행 되시길 바랍니다.

> • menukar uang 환전하다
> • kurs 환율
> • tanda tangan 서명

1 부정대명사

- **siapapun** 누구든(지), 누구라도
- **apapun** 무엇이든(지), 무엇이라도

Siapapun Anda, yuk mencoba apa saja.

당신이 누구든, 뭐든 시도해 보자!

Tak ada rasa benci pada siapa pun, agama **apapun**, dan bangsa apa pun. 누구에게든, 어떤 종교에든, 어떤 민족에든 증오의 마음이 없다.

- **siapa saja** 누구나, 누구든지
- **apa saja** 아무거나, 무엇이든, 모든 것

Rumah ini terbuka bagi **siapa saja**.

이 집은 누구에게든 열려 있습니다.

Apa saja isi Kimchi?

김치 내용물이 무엇인가요?

Apa saja dimakannya.

그는 무엇이든 다 먹는다.

- **apa-apa** 아무것도 (부정사와 함께 쓰임)

Hari ini saya belum makan **apa-apa**.

오늘 저는 아무것도 먹지 못했습니다.

- **seorang** 한 사람, 한 명의 ~
- **seseorang** 누군가

seorang은 '한 사람' 혹은 '한 명의 ~'라는 수량사이고 seseorang은 부정대명사로 '누군가'라는 의미이다.

Tadi seorang mahasiswa datang ke sini.

아까 한 대학생이 여기에 왔었다.

Mencintai seseorang adalah hal yang sangat membahagiakan.

누군가를 사랑한다는 것은 매우 행복한 일이다.

Tadi ada seseorang datang ke sini.

아까 누군가 여기 온 사람이 있었다.

● suatu, sesuatu 어떤, 어느

suatu는 형용사로 명사와 함께 쓰인다.

suatu hari 어느 날

Anda harus bayar supaya dapat menggunakan suatu sistem yang baru.

당신이 새로운 어떤 시스템을 이용하기 위해서는 돈을 내야 한다.

● sesuatu 어떤 것

부정대명사로 '어떤 것'이라는 의미이다.

Saya menerima sesuatu dari guru.

선생님으로부터 어떤 것을 받았습니다.

Bank
은행

☐ **déposito** 은행 정기예금 / 적금

☐ **buku simpanan/buku tabungan** 통장

☐ **makelar devisa** 환전상

☐ **basi** 환전 수수료

☐ **kurs** 환율

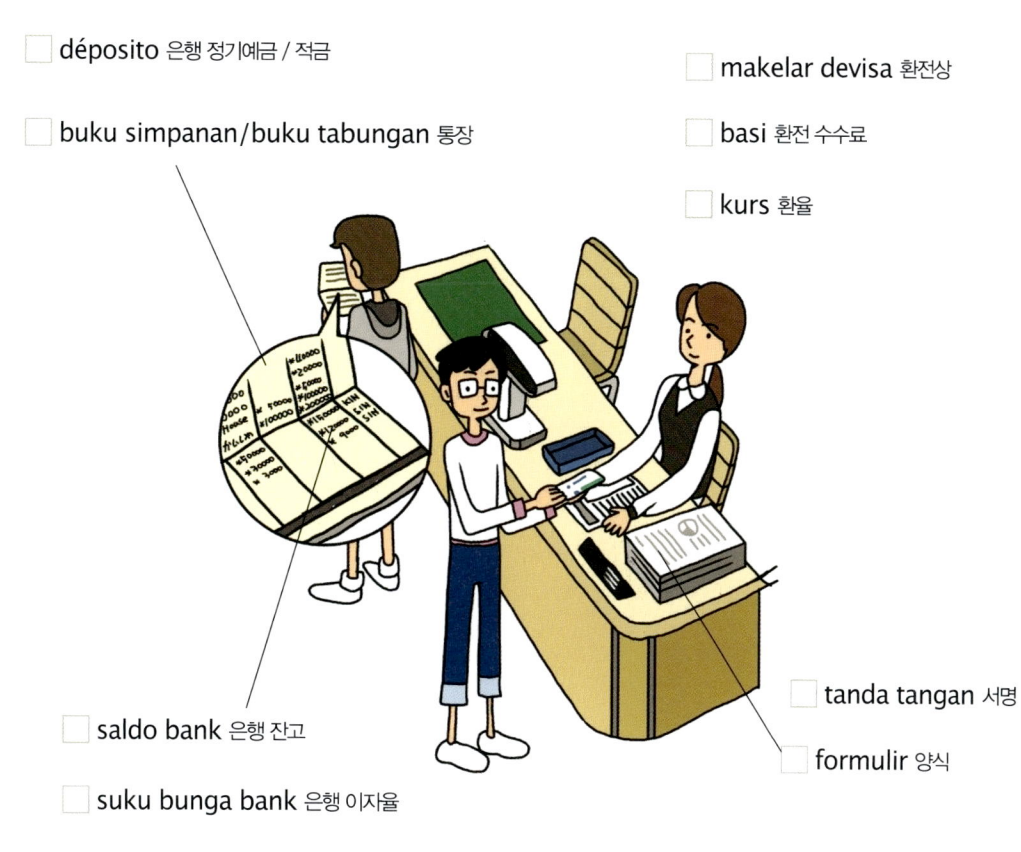

☐ **saldo bank** 은행 잔고

☐ **suku bunga bank** 은행 이자율

☐ **tanda tangan** 서명

☐ **formulir** 양식

☐ **cék** 수표

☐ **dolar** 달러

보너스 단어

rekening 계좌 | kartu kredit 신용카드 | tunai 현금 | transfer 계좌이체 | tarik 출금 | setor 입금 |

saham 주식 | sekuritas 채권 | peminjaman 대출 | melepasi utang 빚을 갚다

Yogyakarta

족자카르타

Yogyakarta 족자카르타 | Yogyakarta는 Peninggalan kebudayaan dunia(세계문화유산)인 보로부두르와 쁘람바난을 가진 인도네시아의 ibu kota yang lama(옛 수도)이다. 자카르타에서 sebelah timur(동쪽)으로 400km정도 떨어져 있으며 인도네시아를 mewakilkan(대표하는) peninggalan kebudayaan(문화유산)들이 아직 많이 남아있다는 점에서 우리나라의 경주와 mirip(비슷하다)고 할 수 있다. 현재 족자카르타에는 대학이 많고, 그에 따라 학생 수가 주민 수의 40%를 차지하고 있기 때문에 kota pendidikan(교육도시)로도 유명하다.

Candi Borobudur 보로부두르 사원 | Borobudur 사원은 족자카르타를 대표하는 situs warisan(유적지) 중의 하나로 세계에서 가장 크고 오래된 불교 유적지다. 세계 최대 이슬람 국가에 이러한 유적지가 있다는 것이 조금 ironis(아이러니)하다. 하지만 더 놀라운 점은 이 사원이 9세기에 샤일렌드라 dinasti(왕조)에 의해 건설되었는데, 녹지로 둘러싸인 평원 한가운데에 이 거대한 piramida(피라미드) 형태의 석조사원을 어떻게 지었는가이다. 근처에는 이 bangunan(건축물)에 쓰여진 돌이 발견되지 않았는데, 당시 이 많은 양의 돌을 어디서 구했는지, 또한 어떻게 운반했는지 아직도 풀리지 않는 미스터리로 남아 있다.

Candi Prambanan 쁘람바난 사원 | 족자카르타에서 보로부두르 사원과 더불어 유명한 유적지는 쁘람바난 사원이다. 쁘람바난 사원은 힌두사원으로, 보로부두르 사원과 함께 유네스코 세계문화유산에 등재되어 있다. 이 사원은 동남아 최대 규모의 힌두 사원이며 넓은 평지에 50여 개의 사원으로 구성된 아름다운 건축물이다. 보로부두르는 웅장한 반면 쁘람바난은 섬세하고 세련미가 돋보이는 건축 양식을 가진 사원이다. 쁘람바난은 10세기경에 지어졌는데 16세기에 화산의 letupan(폭발)과 gempa bumi(지진)으로 무너져 내려 일부가 rosak(훼손)되었다. Ratusan tahun(수백 년)간 그대로 방치되어 있다가 최근 복원이 진행 중이다. 중앙에 솟은 47m 높이의 시바신전 주위로 크고 작은 사원들이 모여 있는데 matahari terbenam(일몰) 때 방문하면 매우 아름다운 pemandangan(풍경)을 만끽할 수 있다. Panggung terbuka(야외극장)에서는 해질 무렵 pertunjukan tradisional(전통공연)인 'Ramayana(라마야나)'를 공연하니 jadwal(시간표)을 미리 보고 시간을 잘 맞춰서 가면 감상할 수 있을 것이다.

Memperkenalkan budaya Korea

한국 문화 소개하기

- 한국 드라마, 제주도, 동대문, 박지성
- 감탄사의 종류
- 축구 관련 단어
- 약어 및 관공서 명칭

기본 회화

1

L Sekarang K-pop sangat terkenal di Indonesia.

P Kamu suka siapa di antara penyanyi Korea?

L Aku suka *Girl's Generation*.

P Sinetron Korea pun sangat menarik.

L Sinetron apa yang kamu sukai?

P Aku suka *Daejanggeum*. Tapi, yang lama, yang berjudul *Endless Love* dan *Winter Sonata* juga menarik.

L Ya, betul. Jadinya, aku pengen belajar bahasa Korea. Aku ingin tahu apa yang mereka katakan.

- antar ~ 중
- penyanyi 가수
- sinetron 드라마
- judul 제목
- pengen ~하고 싶다(ingin 의 구어체, 친구 사이에 쓸 수 있는 말)

L 지금 인도네시아에서 한국 노래는 정말 인기가 많아.

P 너는 한국 가수 중 누구를 좋아해?

L 난 '소녀시대'가 좋아.

P 한국 드라마도 정말 재미있어.

L 너는 어떤 드라마를 좋아하니?

P 난 〈대장금〉이 좋아. 하지만, 예전 드라마, 〈가을동화〉와 〈겨울연가〉도 재미있었어.

L 응, 맞아. 그래서 난 한국어를 공부하고 싶어졌어. 배우들이 하는 말을 알아듣고 싶어.

1

Pulau Jeju (Jeju-do) adalah pulau terbesar di Korea dan terletak di sebelah selatan semenanjung Korea. Karena memiliki keindahan alam dan kebudayaan yang unik, pulau Jeju menjadi salah satu objek wisata paling terkenal di Korea. Sebuah fitur utama dari Jeju adalah Hallasan, gunung tertinggi di Korea Selatan dan gunung berapi aktif, yang tingginya 1.950m di atas permukaan laut.

· semenanjung 반도
· permukaan laut 해수면

제주도는 한국에서 가장 큰 섬이고 한반도 남쪽에 위치해 있다. 자연의 아름다움과 독특한 문화 때문에 제주도는 한국에서 가장 유명한 여행지 중의 하나가 되었다. 제주의 큰 특징은 한라산으로 남한에서 가장 큰 산이다. 그리고 활화산이며 해발 1950미터이다.

2

Pasar Dongdaemun merupakan surga belanja dan destinasi belanja terbesar di Seoul, Korea. Di sinilah tempat di mana orang dapat membeli pakaian yang bagus dengan harga yang murah. Tak hanya warga asli Korea, turis dan wisatawan asing pun sekarang ini sudah banyak yang mengenal dan mengunjungi tempat ini. Anda pasti akan keliru kalau menganggap Dongdaemun sebagai pasar biasa. Orang dapat berbelanja dengan nyaman dengan sistem one-stop shopping, karena di satu tempat terkumpul banyak gedung tempat perbelanjaan, bahkan dapat dipesan melalui internet. Apalagi di sini peredaran produk sangat cepat dan orang dapat membeli dengan berbagai mode secara cepat dan harga yang murah.

- surga 천국
- destinasi 목적지, 쇼핑지
- warga 주민, 구성원
- asli 본래의
- turis 여행자(= wisatawan)
- keliru 당황하다, 놀라다
- terkumpul 모이다
- bahkan 그리고, 게다가
- apalagi 게다가
- perbelanjaan 쇼핑
- mode 스타일

동대문 시장은 쇼핑의 천국이고 한국 서울에서 가장 큰 쇼핑지다. 이곳에서 사람들은 좋은 의류를 저렴한 가격에 구매할 수 있다. 한국 사람들뿐만 아니라 여행자들도 현재 이곳을 알고 방문하는 수가 많다. 동대문을 평범한 시장이라고 여긴다면, 당신은 분명 놀라게 될 것이다. 사람들은 편하고 원스탑 쇼핑 시스템을 통해 물건을 살 수 있다. 왜냐하면 그곳에는 쇼핑을 할 수 있는 건물들이 한곳에 많이 모여 있기 때문이다. 그리고 인터넷을 통해 주문을 할 수도 있다. 게다가 이곳에는 상품의 유통이 매우 빠르고 사람들도 다양한 스타일을 저렴한 가격에 살 수 있다.

3

Park Jisung adalah seorang pemain sepak bola Korea Selatan. Dia menjadi terkenal saat Piala Dunia 2002 di Korea dan Jepang. Permainannya yang tak kenal lelah dan menarik mampu membuat sejarah untuk Korea Selatan sebagai tim Asia pertama yang masuk semifinal Piala Dunia. Park Jisung telah menjadi pemain yang dapat bermain di berbagai posisi, dari bek sayap hingga gelandang sayap. Dia di Manchester United mendapat julukan *Three-lungs Park* atau Park dengan tiga paru-paru.

- Sepak bola 축구
- Piala Dunia 월드컵
- permainan 경기, 시합
- kenal 알다
- lelah 지친, 피곤한
- mampu 가능한, ~할 수 있는
- semifinal 준결승
- berbagai 다양한
- posisi 포지션
- bek sayap 윙백(Wing Back)
- gelandang sayap 사이드 미드필더(Side Mid-fielder)
- julukan 별명
- paru-paru 폐, 허파

박지성은 남한의 축구 선수이다. 그는 2002년 한·일 월드컵 당시 유명해졌다. 그의 경기는 지칠 줄 모르고 흥미로워서, 한국이 월드컵 준결승에 올라가는 첫 번째 아시아 팀이 되는 역사를 쓰게 할 수 있었다. 박지성은 여러 포지션에서 경기할 수 있는 선수이다. 윙백부터 사이드 미드필더까지 가능하다. 그는 맨체스터유나이티드에서 '세 개의 허파'를 가진 박지성이라는 별명을 얻었다.

Photo by efecreata photography / Shutterstock.com

1 감탄사

- Alangkah + 형용사 + nya (감탄)
- Bukan main + 형용사 + nya (감탄)

  Alangkah indahnya! 정말 아름답구나!

  Bukan main enaknya masakan Indonesia! 인도네시아 음식이 정말 맛있네!

- Wah, Astaga (놀라움)

  Wah, rumahnya bagus sekali! 와, 집이 정말 좋네요!

  Astaga, lupa mengunci pintu rumah! 어머나, 집 문 잠그는 것을 잊어버렸네!

- Aduh, Cih/Cis, Syukurlah (동정, 불만, 다행)

  Aduh, kasihan anak itu! 저 아이 정말 불쌍하다!

  Cih, dasar kamu! 쳇, 네가 그렇지 뭐!

  Syukurlah, saya lulus ujian itu! 다행스럽게도 제가 그 시험에 통과했어요!

- Hai, Nah (관심, 주의)

  Hai, kamu yang berbaju merah! 어이, 빨간색 옷 입은 너!

  Nah, hari ini sekian saja. 자, 오늘은 여기까지 합시다.

Sepak bola
축구

☐ penyorak 팬

☐ GK penjaga gawang 골키퍼

☐ pesepak bola
축구 선수

☐ gawang 골대

☐ hakim 심판

☐ FW penyerang
공격수

☐ MF gelandang
미드필더

☐ LM gelandang
kiri 왼쪽 미드필더

☐ CM gelandang
sentral 중앙 미드필더

☐ WB bek sayap
윙백

☐ FB bek penuh
풀백

☐ RM gelandang
kanan 오른쪽 미드필더

☐ DF bek
수비수

☐ LB bek kiri
왼쪽 수비수

☐ CB bek sentral
중앙 수비수

☐ RB bek kanan
오른쪽 수비수

보너스 단어

babak pertama 전반전 | babak kedua 후반전 | lapangan 경기장

Singkatan 약어

인도네시아에서는 매우 자주 약어가 사용된다. 또한, 계속 새로운 약어가 만들어지고 있다.
뉴스에서도 이미 통용되는 약어들은 그대로 사용한다.

Korsel（Korea Selatan） 남한

Korut（Korea Utara） 북한

PBB（Perserikatan Bangsa-Bangsa）
국제연합（UN）

DPR（Dewan Perwakilan Rakyat） 국회

AT（Asia Tenggara） 동남아시아

AS（Amerika Serikat） 미국

IKTA（Izin Kerja Tenaga Asing）
외국인 취업 승인

PPh（Pajak Penghasilan） 소득세

PPN（Pajak Pertambahan Nilai） 부가가치세

PT（Perseroan Terbatas） 주식회사

KPP（Kantor Pelayanan Pajak） 세무서

BPN（Badan Pertanahan Nasional） 국립토지청

BC（Bea Cukai） 관세

PMA（Penanaman Modal Asing） 외국계 기업

PMDN（Penanaman Modal Dalam Negeri）
현지 기업

BAPEDAL（Badan Pengendalian Dampak
Lingkungan） 환경관리청

BKPM 투자조정청

Kedutaan besar 대사관

PLN（Perusahaan Listrik Negara） 전력공사

PDAM（Perusahaan Daerah Air Mimum）
수도공사

PGN（Perusahaan Gas Negara） 가스공사

HP（Handphone） 휴대전화

HUT（Hari Ulang Tahun） 생일

EYD（Ejaan Yang Disempurnakan） 완벽한 철자

DIY（Daerah Istimewa Yogyakarta）
족자카르타 특별지구

DKI（Daerah Khusus Ibu Kota）
수도특별지구（Jakarta）

Dll（Dan lain-lain） 기타 등등

Cerpen（Cerita Pendek） 단편소설

AC（Air Conditioner） 에어컨

Aspal（Asli Tapi Palsu） 모조품

Kosakata pemerintah 정부 관련 단어

Instansi pemerintah 정부 기관

Lembaga 기관

Organisasi 조직

Asosiasi 연합, 협회

Kecamatan 면

Kabupaten 군

Kanwil 도청

Mentri 장관

Bupati 군수

Walikota 시장

Gubenur 도지사

POLSEK 면 경찰서

POLRES 군 경찰서

POLWIL 도 경찰서

Pajak 세금

Faktur Pajak 세금 계산서

photo by Nataliya Hora / Shutterstock.com

Mencari lowongan kerja di perusahaan

구직 활동

- 구직 활동 및 면접 관련 표현
- 약어와 두문자어
- 회사 관련 단어
- 인도네시아 노동자

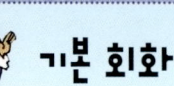

1

L　Sedang apa, Ibu Yuni?

P　Saya sedang membuat CV.

L　Anda sedang mencari pekerjaan?

P　Ya, sudah hampir sebulan saya mencari pekerjaan.

L　Kenapa tidak jadi bekerja di perusahaan yang kemarin. Anda sudah lulus wawancara, bukan?

P　Perusahaan itu berada di luar kota. Terlalu jauh jaraknya dari tempat tinggal saya.

L　Ya, tetapi, kalau Anda terlalu memilih-milih, akan susah mendapat pekerjaan.

P　Saya juga tahu. Kalau ada lowongan kerja di perusahaan Bapak, tolong kabari saya.

L　Tentu saja.

- lowongan pekerjaan
  구인 광고
- mencari pekerjaan
  일자리를 구하다
- CV(Daftar Riwayat
  Hidup) 이력서
- surat Lamaran Kerja
  지원서
- melamar kerja 입사지원
  을 하다
- melamar kerja online
  온라인 입사지원을 하다
- wawancara 인터뷰, 면접
- memilih-milih 까다롭다
- lowongan kerja (빈) 일자리

P　지금 뭐 하세요, 유니 부인?

L　이력서를 작성해요.

P　일자리를 구하고 있나요?

L　네, 거의 한 달 동안 일자리를 찾고 있어요.

P　저번에 회사는 왜 안 갔어요? 면접에 합격하지 않았어요?

L　그 회사는 시외에 있어요. 저희 집에서 거리가 너무 멀어요.

P　네, 하지만 너무 고르면 일자리를 얻기 힘들 거예요.

L　네, 저도 알아요. 혹시 선생님 회사에 일자리가 있으면 제게 알려 주세요.

P　당연하죠.

2

L Saya sudah berhasil mendapat pekerjaan.

P Pekerjaan apa?

L Kerja di bank.

P Bagus sekali. Selamat ya sudah mendapatkan pekerjaan!

L Terima kasih. Katanya, Pak Agus juga baru diangkat menjadi manajer. Selamat, Pak!

P Terima kasih. Bersyukur dan berterima kasih kepada Tuhan.

- diangkat 과장으로 승진하다
- manajer 과장, 매니저
- direktur 이사
- bersyukur 다행이다
- Tuhan 신 (항상 대문자로 씀)

L 직장 구하는 거 성공했어요.

P 어디에 취직했어요?

L 은행에 취직했어요.

P 정말 잘됐네요. 취직 축하해요!

L 감사합니다. 아구스 씨도 과장으로 승진했다면서요. 축하 드려요!

P 감사합니다. 다행스럽고 신에게 감사드릴 일이죠.

잠깐만요!

★ 신(Tuhan)과 관련된 표현들

교통사고 등 불운의 사고가 발생했지만 무사했을 때나, 다행스러운 일, 좋은 일이 생겼을 때 인도네시아인들은 먼저 신에게 감사한다.

Syukur [슈꾸르] (신에게) 감사하다

Saya bersyukur kepada Tuhan. [사야 바르슈쿠르 끄빠다 뚜한] 신에게 감사드립니다.

Alhamdulillah! [알함둘릴라] 신에게 감사합니다!

Insya Allah [인샤알라] 신의 뜻대로

Puji Tuhan. [뿌지 뚜한] 주께 찬양합니다. (기독교)

3

L Kantor saya akan pindah ke Surabaya. Saya bingung saya harus pindah kerja atau tetap tinggal di sini.

P Ke Surabaya? Jauh sekali.

L Ya, harus bagaimana ya? Padahal saya baru saja merasa ke tempat yang stabil di kantor sekarang, tetapi kantor mau pindah jauh. Apalagi, saya belum pernah ke Surabaya. Tempat itu sama sekali baru bagi saya!

P Bagaimana kalau pindah kerja?

L Mau pindah tetapi tidak ada perusahaan yang bayar dengan gaji yang setara. Gaji sekarang lumayan dan kerjaan di sini sudah terbiasa.

P Kalau begitu, coba dulu selama satu atau dua tahun di Surabaya. Siapa tahu apa yang Anda pikirkan sekarang tidak akan terjadi.

- stabil 안정된, 꾸준한
- setara 등급이 같은
- sama sekali 전혀
- sini 여기
- situ 저기
- sana 거기
- pindah 이전하다
- pindah kerja 이직하다
- naik 오르다
- naik kelas 진급하다
- naik darah 화가 나다
- naik tangan 운이 좋다, 행운이 따르다

L 저희 사무실이 수라바야로 이전한대요. 이직을 할지 계속 남아 있어야 할지 고민이에요.

P 수라바야로 간다고요? 정말 머네요.

L 네, 어떻게 해야 할까요? 이제 막 이 회사에 정착했다고 생각했는데 회사가 멀리 이전하다니. 게다가, 저는 수라바야에 가 본 적도 없어요. 제게는 완전히 새로운 곳이라고요!

P 이직을 하면 어때요?

L 이직하고 싶지만 지금 정도의 월급을 주는 곳이 없어요. 현재 월급이 괜찮은 편이고 일도 다 적응을 해서요.

P 그렇다면, 새로운 곳에서 우선 1년이나 2년 동안 해 보세요. 누가 알아요, 당신이 지금 생각하는 일이 일어나지 않을 수도 있잖아요.

잠깐만요!

★ 아무것도 아니다. Bukan apa-apa.
Tidak apa-apa라고 하면 "괜찮아요"라는 뜻이 된다.

4

P Bagaimana Agus?

L Dia kerja keras, tetapi sombong. Bagaimana Andi?

P Dia sangat malas sehingga saya hampir tidak pernah melihat dia bekerja. Selalu nongkrong saja.

L Kalau begitu, susah naik jabatan.

P Naik jabatan? Malah, saya khawatir dia akan diberhentikan.

• nongkrong 잡담하다
• diangkat 승진하다
• diberhentikan/dipecat
 해고당하다

P 아구스는 어때요?

L 일은 열심히 하는데 거만해요. 안디는 어때요?

P 그는 게을러서 일하는 걸 거의 본 적이 없어요. 항상 잡담만 해요.

L 그러면 승진하기 힘들 텐데.

P 승진이요? 승진은커녕, 짤리지 않을까 걱정돼요.

잠깐만요!

★ 아구스 어때요? Bagaimana Agus?

★ 당신의 성격은 어떻습니까? Bagaimana sifat Anda?

★ 그 사람 어때요? Bagaimana dia?

보너스 단어 성격 sifat orang

pbaik hati 착한 | ramah 친절한 | jujur 솔직한 | rajin 근면한 | sombong 거만한 | kikir 인색한 | malas 게으른 | sensitif 예민한 | pandai 영리한 | malu 부끄러워하는 | rendah hati 겸손한 | berani 용기 있는 | aktif 활동적인

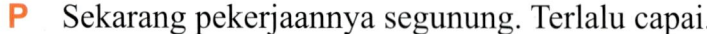
5

P Sekarang pekerjaannya segunung. Terlalu capai.

L Jangan terlalu capai. Jaga kesehatan.

P Tapi, tidak ada orang lain kecuali saya. Akhirnya saya yang harus menyelesaikan semua. Lebih baik dari sekarang saja.

L Kamu tahunya hanya bekerja saja. Dasar gila kerja.

- **capai** 피곤하다(= capek)
- **gila kerja** 일 중독자
  (= workholic)
- **kecuali** ~를 제외하고

P 일이 산더미처럼 밀려 있어. 너무 힘들어.
L 너무 열심히 일하지 마. 건강도 챙겨야지.
P 하지만 할 사람이 나밖에 없어. 결국은 내가 하게 될 거야. 그러니 빨리 해치우는 게 나아.
L 너는 일밖에 몰라. 일 중독자 같으니라고.

★ se- '마치 ~와 같다'라는 의미로 해석된다.
  segunung (마치) 산과 같다. 산더미 같다.

★ Jangan terlalu + 동사 또는 형용사: 너무 ~하지 마세요
  Jangan terlalu lambat.
  너무 늦지 마세요.

  Jangan terlalu susah hati dengan urusan orang lain.
  다른 사람의 일로 너무 골치 아파하지 마세요.

  Berisik! Jangan berbicara terlalu keras.
  시끄러워요! 너무 큰 소리로 이야기하지 마세요.

6

P Sekarang terlalu banyak penganggur di sekitar kita.

L Katanya, cari pekerjaannya susah. Kenapa begitu banyak pengangguran?

P Tidak tahu. Mungkin, mau pekerjaan dengan gaji yang tinggi saja.

L Oh? Lebih baik bekerja apa saja daripada jadi penganggur.

P Saya setuju.

- penganggur 백수, 구직자
- pengangguran 무직, 실업, 실직
- lebih baik A daripada B B보다는 A가 낫다
- lebih baik bekerja daripada meminta 구걸하는 것보다는 일하는 게 낫다
- melebih-lebihkan 과장하다, 부풀리다 (=membesar-besarkan)

P 요즘 주위에 백수가 너무 많아.

L 일자리 찾는 게 어렵다고 하더라. 왜 그렇게 실직자가 많은 거지?

P 모르겠어. 아마, 월급을 많이 주는 직업만 찾으려고 해서 그런 것 같아.

L 그래? 백수가 되는 것보다는 뭐든 하는 게 좋은데.

P 맞아.

잠깐만요!

★ 백수가 되는 것보다는 뭐든 하는 게 좋아요.
Lebih baik bekerja apa saja daripada jadi penganggur.

Tes wawancara 면접시험

Penanya	Bagaimana Anda mendeskripsikan diri Anda sendiri?
Penjawab	Saya adalah sarjana lulusan perguruan tinggi dengan jurusan akuntansi dan keuangan di Universitas Indonesia. Saya menguasai teori mengenai investasi dan juga pengalaman kerja di Danareksa selama 2 tahun. Kedua hal itu mempersiapkan saya secara matang pada pekerjaan ini.
Penanya	Apa kelebihan yang Anda miliki?
Penjawab	Saya rajin, bekerja keras, jujur, dan kreatif.
Penanya	Apa kelemahan Anda?
Penjawab	Saya terkadang tidak sabar dan hal itu yang membuat pekerjaan saya menjadi berlebihan.

Penanya	자신에 대해 어떻게 설명하실 수 있나요?
Penjawab	저는 인도네시아대학교를 졸업했으며 회계와 경제를 전공하였습니다. 저는 투자에 대한 이론에 강하며 Danareksa(정부연구기관)에서 2년간 일한 경험이 있습니다. 이 두 가지 사항은 제가 이 직업에 준비된 사람이 되도록 하였습니다.
Penanya	당신의 장점은 무엇인가요?
Penjawab	저는 성실하고, 열심히 일하고, 정직하며 창의적입니다.
Penanya	당신의 단점은 무엇인가요?
Penjawab	저는 참지 못하는 성격이라 일도 더 많이 하는 경향이 있습니다.

1 Singkatan 약어

약어는 하나 이상의 단어를 축약한 형태이다. 두 단어 이상을 줄일 때는 각 단어의 첫 글자만 대문자로 표기하는 경우가 많다. 사람의 이름이나, 호칭 등을 줄일 때는 마침표를 찍는다.

RI(Republik Indonesia) 인도네시아 공화국

SMA(Sekolah Menengah Atas) 고등학교

SMP(Sekolah Menengah Pertama) 중학교

SD(Sekolah Dasar) 초등학교

KBRI(Kedutaan Besar Republik Indonesia) 인도네시아 대사관

DPR(Dewan Perwakilan Rakyat) 의회, 국회

UUD(Undang-Undang Dasar) 헌법

PT(Perseroan Terbatas) 주식회사

KTP(Kartu Tanda Penduduk) 주민등록증

STNK(Surat Tanda Nomor Kendaraan Bermotor) 차량등록증

AS(Amerika Serikat) 미합중국

yth.(yang terhormat) 존경하는

dsb.(dan sebagainya) 등등

dll.(dan lain-lain) 기타 등등

hlm.(halaman) 페이지

Muh.(Muhammad) '무함마드'의 줄임말

Bpk.(bapak) (남성에 대한 호칭) ~씨

Sdr.(saudara) (동년배나 아랫사람에 대한 호칭) ~군, ~씨

Jln.(jalan) 길

2 Akronim 두문자어

두문자어는 두 단어 이상을 줄여 만들어진 새로운 단어의 형태를 띄고 있다. 약어와 다르게 각 단어의 음절의 일부를 조합하는 경우가 많다. 각 단어의 첫 글자만 따온 경우에만 모두 대문자로 표기한다.

Bappenas(Badan Perencanaan Pembangunan Nasional) 인도네시아 국가개발계획위원회

dubes(duta besar) 대사

kedubes(kedudukan besar) 대사관

pemilu(pemilihan umum) 총선거

rudal(peluru kendali) 유도탄

menlu(menteri luar negeri) 외무장관

pemda(pemerintah daerah) 지방정부

minerba(mineral dan batu bara) 광물 및 석탄

Perusahaan
회사

☐ kantor 사무실

☐ dokumen/surat 서류   ☐ baju seragam 유니폼

☐ kerja tetap 정규직

☐ pelatih 견습생

☐ pengalaman 경험

☐ tenaga kerja 인력

☐ pelatihan kerja 직업 훈련

☐ bos 상사

☐ kertas 종이

☐ kakulator 계산기

☐ karyawan 직원

☐ gaji 월급

☐ kerja lembur 야근

보너스 단어

melamar pekerjaan 일자리에 지원하다 | berhenti bekerja 일을 그만두다 | lowongan kerja 빈 일자리 |
pelamar 지원자 | pewawancara 면접관 | penanya 질문자 | tes wawancara, interview 면접시험 |
tes kesehatan (medical check up) 신체검사 | tips 팁, 조언 | kriteria 요령 | pekerjaan paruh
waktu 아르바이트 | pengusaha 기업인, 사업가 | usaha sendiri 사업 | magang 인턴

Tenaga Kerja Indonesia(TKI)

인도네시아 노동자

한국에는 많은 인도네시아 노동자들이 와서 일을 하고 있다. TKI(인도네시아 노동자)의 정식 송출부서는 Depnaker Trans(Departemen Tenaga Kerja dan Transmigrasi: 인력송출부서)이며 그 하부 기관인 BNP2TKI(Badan Nasional Penempatan dan Perlindungan Tenaga Kerja Indonesia: 국립 인도네시아 노동자 파견 및 보호청)가 실질적인 인력 송출 업무를 하고 있다.

인도네시아 노동자들은 한국에서 5년간 kontrak(계약)을 체결하며 매년 BNP2TKI를 통해 국내로 파견되는 인도네시아 노동자의 수는 1만 명 정도이다. 한국은 인도네시아 해외 송출 인력들이 pembantu(가정부) 이외의 분야에서 취업할 수 있는 나라로서, 한국에서 근무하고 있는 인도네시아 외국인 노동자의 수는 매년 meningkat(증가하다)하고 있다.

인도네시아 노동자들이 한국에서 근무하기 위해 tes(테스트)를 거치게 된다. 인도네시아의 4개 지역, 즉 Bogor(보고르), Depok(데뽁), Tangerang(땅그랑), Bekasi(버까시)에서 실시되는 이 테스트는 bahasa Korea이다. Persaingan(경쟁률)은 3:1정도이다.

Perayaan hari kemerdekaan

독립기념일 행사

- 독립기념일과 전통 놀이
- 관용어
- 인도네시아 국경일
- 라왕 세우, 인도네시아의 네덜란드 잔재

1

P Pak Adit, mengapa di berbagai tempat banyak bendera Merah-Putih dikibarkan?

L Oh, beberapa hari lagi, hari kemerdekaan Indonesia. Bangsa Indonesia merdeka tanggal 17 Agustus 1945.

P Ya, saya tahu. Dua hari setelah kemerdekaan bangsa Korea.

L Betul. Nah, sebagai ucapan terima kasih dengan rasa syukur, penduduk Indonesia akan mengibarkan bendera Merah-Putih di depan rumah atau di kantor-kantor.

P Oh, begitu.

- **dikibarkan** 휘날려지다 (mengibarkan(휘날리다)의 수동태)
- **bangsa** 민족
- **merdeka** 독립하다
- **kemerdekaan** 독립
- **ucapan** 인사말
- **syukur** 다행이다
- **penduduk** 국민, 인구

P 아딧 씨, 왜 여기저기에 인도네시아 국기가 많이 걸려 있는 거죠?

L 아, 며칠 후면 인도네시아 독립기념일이에요. 인도네시아 국민은 1945년 8월 17일에 독립했어요.

P 네, 알아요. 한국 국민의 독립일의 이틀 후예요.

L 맞아요. 그래서, 다행스러운 마음과 감사의 인사로, 인도네시아 국민들이 집과 사무실 앞에 인도네시아 국기를 달아 놓는 거예요.

P 아, 그렇군요.

★ Bendera Merah-Putih 인도네시아 국기

인도네시아 국기가 적색과 백색으로 이루어져 있기 때문에 merah-putih(적색−백색)기라고 한다. 적색은 '용기'를, 백색은 '결백'을 상징한다. 다른 표현으로 Sang Merah Putih, Sang Saka, Dwi Warna라고도 한다.

2

L Hari kemerdekaan adalah hari penting nasional di Indonesia ya?

P Ya, betul. Orang Indonesia menganggap hari kemerdekaan sangat penting. Untuk merayakan hari itu, biasanya ada perayaan, perlombaan, atau panggung hiburan.

L Ada apa saja?

P Ada pentas musik, pagelaran wayang, atau pentas hiburan lainnya.

L Ya, setahu saya, ada lomba panjat pinang dan balap karung juga, ya?

P Betul. Lomba itu sebagai pesta rakyat di kampung-kampung.

L 독립기념일은 인도네시아에서 중요한 국경일이죠?

P 네, 맞아요. 인도네시아 사람들은 독립기념일을 매우 중요하게 여겨요. 그 날을 기리기 위해, 보통 축하 행사, 대회, 축하 무대가 있어요.

L 어떤 것이 있죠?

P 음악 공연, 그림자 인형극, 또는 다른 무대 공연이 있어요.

L 네, 제가 알기로는 나무타기 시합과 자루달리기도 있어요, 맞죠?

P 맞아요. 그 행사는 마을에서 행해지는 국민 행사예요.

 **잠깐만요!**

★ 독립기념일은 인도네시아에서 중요한 국경일이죠?
　Hari kemerdekaan adalah hari nasional yang penting di Indonesia ya?
　= Hari kemerdekaan adalah hari penting bagi (bangsa) Indonesia.

- wayang: 와양, 그림자 인형극, 나무 혹은 가죽으로 만든 인도네시아 전통 인형
- panjat pinang: 오일이 발라져 있는 나무를 타고 꼭대기에 걸려 있는 종이를 따서 내려오면 그 종이에 적혀 있는 상품이나 돈을 받을 수 있는 시합
- balap karung: 쌀자루 등에 두 다리를 넣고 달리기 하는 시합
- peringatan hari kemerdekaan: 독립기념일 기념 행사

1

Presiden SBY Pimpin Upacara Peringatan HUT ke-68 RI

JAKARTA – Upacara peringatan Hari Ulang Tahun Kemerdekaan ke-68 RI pada 17 Agustus 2013 di Istana Merdeka Jakarta dimulai tepat pukul 10.00 WIB ditandai dentuman meriam sebanyak 17 kali.

Presiden SBY didampingi Ibu Negara Ani Yudhoyono, beserta Wakil Presiden Boediono dan Ibu Herawati Boediono berada di mimbar utama, sementara Ketua Dewan Perwakilan Daerah (DPD RI) Irman Gusman membacakan teks Proklamasi dalam upacara ini.

Upacara peringatan Hari Ulang Tahun Kemerdekaan ke-68 RI ini juga diwarnai pameran udara satu skuadron pesawat tempur jenis F 16 dan Sukhoi yang melakukan manuver terbang rendah di kawasan silang Monas Jakarta.

- upacara 행사
- peringatan 기념
- tepat 정확히, 정확하다
- dentuman meriam 대포 소리
- presiden 대통령
- SBY(Susilo Bambang Yudhoyono) 수실로 밤방 유도요노 대통령의 약자
- damping 가까운, 친한, 밀접한
- ibu negara 영부인
- mimbar 강단, 설교단
- teks Proklamasi 선언문
- pameran 전시회
- skuadron 비행대대
- pesawat tempur 전투기
- manuver 기동, 기동 훈련

자카르타 – 인도네시아의 68번째 독립기념일을 기념하는 행사가 2013년 8월 17일에 자카르타 머르데까궁에서 인니 서부시각 10시 정각에 17번의 축포와 함께 시작되었다.

수실로 밤방 유도요노 대통령과 영부인 아니 유도요노 여사, 그리고 부디오노 부통령과 헤라와띠 부디오노 여사는 메인 강단에 있었고, 이르만 구스만 지역 대표 협의회 의장이 이 행사의 선언문을 낭독하였다.

인도네시아의 68번째 독립기념일을 기리는 이 행사는 F16과 슈코이 전투기 비행대대가 자카르타 모나스 지역의 낮은 창공에서 기동훈련을 보여 주는 에어쇼로 물들었다.

2

Balap karung adalah salah satu lomba tradisional yang populer pada hari kemerdekaan Indonesia. Sejumlah peserta diwajibkan memasukkan bagian bawah badannya ke dalam karung kemudian berlari sampai ke garis akhir. Meskipun sering mendapat kritikan karena dianggap memacu semangat persaingan yang tidak sehat, balap karung tetap banyak ditemui, begitu pula lomba panjat pinang, sandal bakiak, dan makan kerupuk.
Lomba balap karung juga diapresiasi oleh pendatang dari luar negeri dengan cara langsung terlibat dalam perlombaan ini

- Balap karung 자루달리기
- lomba 대회, 놀이
- garis 선
- akhir 끝
- kritikan 비난, 비판
- hura-hura 기쁜, 즐거운
- apresiasi 인식하다, 평가하다, 감상하다
- pendatang 방문객

자루달리기는 인도네시아 독립기념일에 하는 유명한 전통 놀이 중의 하나이다. 모든 참가자들은 다리를 자루에 넣고 마지막 지점까지 달려야 한다.
지나친 경쟁심을 키운다고 여겨져 종종 비판을 받기도 하지만, 자루달리기는 여전히 많이 볼 수 있는 놀이이다. 삐낭나무 오르기, 바끼악 샌들신고 달리기, 끄루뿍 먹기 등의 놀이도 있다. 자루달리기 시합은 외국 방문객들이 직접 참여하여 즐길 수 있는 놀이이다.

Photo by Aleksandar Todorovi / Shutterstock.com

Photo by Luisa Puccini / Shutterstock.com

L Nanti malam ada apa? Anda mau ikut ke Monas?

P Tidak ada apa-apa, tapi kenapa ke Monas?

L Karena besok HUT ke-69 Indonesia, kami akan bersenang-senang di sana sepanjang malam.

P Oh, biasanya gitu?

L Ya, pasti banyak orang yang akan berkumpul di sana. Saya mau menyiapkan kembang api.

P Mau ikut dong~! Asyik.

L 오늘 밤에 약속 있어요? 모나스에 가는데 같이 갈래요?

P 아무 약속도 없어요, 그런데 왜 모나스에 가요?

L 내일이 인도네시아 69번째 생일이기 때문에, 우리는 그곳에서 밤새 놀 예정이에요.

P 오, 보통 그런가요?

L 네, 분명 많은 사람이 그곳에 모일 거예요.
저는 폭죽을 준비해 가려고 해요.

P 저도 갈래요~! 재밌겠다.

- biasanya 보통
- Nanti malam 오늘 밤
- HUT(Hari Ulang Tahun) 생일
- bersenang-senang 즐기다, 즐거운 마음으로 하다
- sepanjang malam 밤새도록
- berkumpul 모이다, 집결하다
- menyiapkan 준비하다
- kembang api 불꽃놀이

1 Frasa idiomatis 관용어

관용어는 두 가지 단어가 만나 전혀 새로운 의미를 만들어 내는 경우이다. 자주 쓰이는 인도네시아 관용어는 다음과 같다.

- **naik darah** 화를 내다(= marah)

  Karena suara bising itu sangat mengganggunya, Dodi naik darah.

  매우 거슬리게 하는 그 시끄러운 소리 때문에, 도디는 화가 났다.

- **angkat tangan** 항복하다(= menyerah)

  Dokter angkat tangan melihat pasiennya sudah tidak mungkin disembuhkan lagi.

  더 이상 치료가 불가능한 환자를 보고 의사는 두 손을 들었다.

- **besar hati** 자랑스러운(= bangga)

  Besar hati orang tua melihat anaknya meraih kesuksesan.

  자식이 성공을 이루는 것을 본 부모가 자랑스러워했다.

- **besar kepala** 거만한(= sombong)

  Setelah naik jabatan, dia menjadi besar kepala.

  승진한 후에 그는 잘난 척을 한다.

- **keras kepala, kepala batu** 고집이 센(= badung, bandel)

  Sifatnya yang keras kepala membuat ia kurang disukai teman-temannya.

  그는 고집이 세서 친구들이 그다지 좋아하지 않는다.

  Anak nakal itu memang kepala batu, sulit diberi nasihat yang baik.

  그 짓궂은 아이는 고집이 세서 좋은 조언을 해 주기 힘들다.

- **panjang tangan** 손버릇이 나쁜, 도벽이 있는

  Lelaki panjang tangan itu ditangkap polisi setelah ketahuan men-curi uang tetangganya.

  도벽이 있는 그 남자는 이웃의 돈을 훔친 것이 적발되어 경찰에 잡혔다.

- **ringan tangan** 남을 잘 돕는, 잘 때리는 (좋은 뜻과 나쁜 뜻이 있음)

  (1) suka menolong:

  Pemuda itu disenangi para tetangganya, karena ia ringan tangan.

  그 남자는 남을 잘 도와주기 때문에 이웃들이 좋아한다.

  (2) suka memukul

  Sebagai orang tua, dia tidak suka ringan tangan kepada anaknya.

  부모로서, 그는 아이들을 때리는 것을 좋아하지 않는다.

- **rendah hati** 겸손한 (= tidak sombong, tidak angkuh)

  Dosen yang rendah hati itu, sekarang terpilih sebagai dosen tela-dan.

  그 겸손한 강사는 현재 모범 강사로 선택되었다.

- **meja hijau** 법정, 재판정(= pengadilan)
- **darah putih** 왕족
- **cuci mata** 눈요기하다(= melihat–lihat)
- **cuci mulut** 디저트를 먹다
- **tangan kanan** 오른팔, 최측근
- **kaki lima** 노점상
- **polisi tidur** 과속방지턱

HARI LIBUR NASIONAL 2014

인도네시아 국경일

1 Januari	Tahun Baru Masehi (신년)
14 Januari	Februari Peringatan Maulid Nabi Muhammad SAW (12 Rabiul Awal) (무하마드 탄신일)
31 Januari	Tahun Baru Imlek (중국 신년, 구정)
31 Maret	Hari Raya Nyepi (Tahun Baru Saka) (힌두교 신년)
18 April	Wafat Yesus Kristus (성 금요일)
1 Mei	Hari Buruh (노동자의 날)
14 Mei	Hari Raya Waisak (석가탄신일)
26 Mei	Isra Mi'raj Nabi Muhammad SAW (27 Rajab) (무하마드승천일)
29 Mei	Kenaikan Yesus Kristus (예수 승천일)
28 Juni	Puasa (1 Ramadan) (금식월)
28–29 Juli	Idul Fitri (1–2 Syawal) (이둘 피트리/르바란(이슬람 최대 명절))
17 Agustus	Hari Kemerdekaan RI ke-69 (인도네시아 독립기념일)
4 Oktober	Idul Adha (10 Dzulhijjah) (희생절)
25 Oktober	Tahun Baru Islam (1 Muharram) (이슬람 신년)
25 Desember	Hari Raya Natal (성탄절)

Agama(종교)	Tempat Ibadah(예배 장소)	Hari Raya(기념일)
Islam(이슬람)	Masjid(이슬람 사원), Musola(기도실)	Idul Fitri(르바란), Idul Adha(희생절)
Buddha(불교)	Wihara(절)	Waisak(부처님 오신 날)
Kristen(개신교)	Gereja(교회)	Natal(성탄절)
Hindu(힌두교)	Pura(힌두 사원)	Nyepi(힌두교 설날)
Konghucu(유교)	Kelenteng(사원)	Tahun Baru Imlek(구정 설)

Lawang Sewu,
Peninggalan Belanda di Indonesia
라왕 세우, 인도네시아의 네덜란드 잔재

인도네시아는 네덜란드에 의해 350년간 식민 통치를 받아왔다. 오랜 jajahan Belanda(네덜란드 식민 통치)의 peninggalan(잔재)은 현재까지도 찾아볼 수 있다.

Lawang Sewu(라왕 세우)는 중부 자바, 스마랑(Semarang, Jawa Tengah)에 위치한 네덜란드 동인도 회사(NIS: Nederlands-Indische Spoorweg Maatschapp)의 공관으로 사용된 건축물이었다. 1907년에 건립된 이 건물의 이름은 자와어로 Seribu pintu(천 개의 문)이라는 뜻이다. 이 건물에는 문이 많아서 그러한 이름을 가졌지만, 사실 문이 천 개가 되지 않는다고 한다. 단, 이층으로 된 이 건물에는 높고 넓은 창문이 많았는데, 주민들은 이 창문도 문(lawang)으로 여겨 그러한 이름으로 불리게 되었다고 한다.

이 웅장한 건물은 독립 이후에 인도네시아 철도회사(Kereta Api Indonesia) 사무실로 이용되었다. Lawang sewu외에도 Villa Isola, Gerbang Amsterdam, Museum Bank Mandiri, Museum Nasional, Museum Seni Rupa dan Keramik 등의 건물들이 네덜란드 식민 정부에 의해 건설된 유서 깊은 건축물들이다.

photo by saiko3p / Shutterstock.com

Ramadhan dan Lebaran

라마단과 르바란

- 라마단과 르바란에 관한 표현
- 어감사
- 라마단 관련 단어
- 인도네시아 전통 의상

1

P   Kapan bulan puasa tahun ini?

L   Kalau tidak salah, pada tanggal 20-an pada bulan Agustus.

P   Berapa hari berpuasa?

L   30 hari.

P   Bapak tidak capek berpuasa selama sebulan?

L   Tidak. Saya sangat suka berpuasa karena saya mengosongkan semua di dalam perut dan melupakan segala hawa nafsu.

P   Sepertinya berpuasa adalah kegiatan yang sangat religius dan bahagia bagi umat Islam yang taat.

L   Ya, betul.

- Puasa 금식
- mengosongkan 비우다
- rakus 욕심
- hawa nafsu 육욕
- religius 종교적인
- taat (신에게) 복종하다, 따르다, 순종하는

P   올해 금식월은 언제죠?

L   틀리지 않으면, 8월 20 며칠이에요.

P   금식은 며칠 동안 하죠?

L   30일이요.

P   선생님은 한 달 동안 금식하는 것이 힘들지 않으세요?

L   아니요. 저는 몸속의 모든 것을 비워내고 모든 육욕을 잊을 수 있기 때문에 금식하는 것을 매우 좋아합니다.

P   금식은 매우 종교적이고 신실한 이슬람교도에게 있어서 행복한 일인 것 같군요.

L   네, 맞습니다.

 잠깐만요!

★ Umat Islam 이슬람교도 = muslim (남자), muslimah (여자)

2

P Selamat siang, Pak. Kok, Bapak hari ini pakai topi?

L Selamat siang. Ini bukan topi biasa, tetapi peci, namanya.

P Apa peci?

L Peci adalah topi yang biasa dipakai orang Islam. Kalau bulan puasa, saya pakai ini.

P Ya, betul. Sekarang sudah bulan Puasa ya. Apakah berpuasa wajib bagi semua muslim?

L Ya, memang wajib bagi muslim tetapi ada pengecualian.

P Apa pengecualiannya?

L Kalau orang sakit, orang hamil, orang menyusui, anak kecil, dan orang sangat tua boleh tidak berpuasa. Itu bukan dosa.

P Oh, begitu. Selamat berpuasa!

- peci 남성용 전통 모자
- wajib 의무
- kekecualian 예외
- hamil 임신한
- menyusui 수유하다
- dosa 죄

P 안녕하세요, 선생님. 어, 선생님 오늘 모자를 쓰셨네요?

L 안녕하세요. 이것은 일반 모자가 아니고, 뻬찌라고 하는 것입니다.

P 뻬찌가 뭐예요?

L 뻬찌는 인도네시아 전통 모자예요. 저는 금식월에 이것을 착용해요.

P 네, 맞아요. 지금은 금식월이죠. 금식하는 것은 모든 이슬람신자의 의무인가요?

L 네, 물론 이슬람신자의 의무이지만 예외도 있어요.

P 예외는 어떤 것이죠?

L 아픈 사람, 임산부, 수유 중인 여성, 어린이, 그리고 나이가 아주 많은 사람들은 금식하지 않아도 됩니다. 그런 경우는 죄가 아니에요.

P 오, 그렇군요. 금식 잘 하세요!

3

L Ibu Siti, jangan lupa, besok kita halal bihalal?

P Ya, saya ingat, Pak Kim. Jam 11.00 di aula kantor kita, kan?

L Ya, betul.

P Ibu Kim juga datang?

L Kebetulan istri saya tidak ada acara. Jadi dia bisa ikut halal bihalal.

P Bagus. Biar semua karyawan berkenalan dengan Ibu.

L Ya, saya pikir juga begitu.

- **aula** 강당, 회의실 (= tempat pertemuan, hall)
- **kebetulan** 마침, 우연히
- **biar** ~할 수 있도록
- **berkenalan** 인사를 주고받다, 안면을 트다

L 시띠 씨, 내일 할랄 비할랄 있는 것 잊지 마세요.

P 네, 알고 있어요, 김 선생님. 11시에 우리 사무실에서, 맞죠?

L 네, 맞아요

P 김 여사님도 오시나요?

L 제 아내가 마침 일정이 없어서, 할랄 비할랄에 올 수 있습니다.

P 잘됐네요. 모든 직원이 사모님과 인사할 수 있으니까요.

L 네, 저도 그렇게 생각합니다.

★ Halal bihalal [할랄 비할랄] (르바란이 끝난 후에) 서로 용서를 비는 의식

4

P　Pak Agus pulang kampung?

L　Ya, saya pulang kampung besok karena Lebaran.

P　Oh, setiap tahun Bapak pulang kampung kalau Lebaran?

L　Ya, betul. Lebaran adalah hari raya paling besar di Indonesia. Seluruh keluarga berkumpul di kampung.

P　Bagus, sepertinya Lebaran mirip dengan Chuseok di Korea.

L　Oh, ya? Orang Korea juga mudik pada hari Chuseok?

P　Ya, betul. Jalannya sangat macet.

L　Haha, sangat mirip. Saya menerima THR sebanyak sebulan gaji tahun ini.

P　Bagus sekali!

> • mudik 명절의 대이동, 귀성, 귀경 (= pulang kampung)

P　아구스 씨는 고향에 가나요?

L　네, 르바란이라 내일 고향에 갑니다.

P　오, 매년 르바란에는 고향에 가나요?

L　네, 맞아요. 르바란은 인도네시아에서 가장 큰 명절입니다. 모든 가족이 고향에 모여요.

P　좋네요, 르바란은 한국의 추석과 비슷한 것 같아요.

L　오, 그래요? 한국 사람들도 추석 때 고향에 내려가나요?

P　네, 맞아요. 차가 엄청 막히죠.

L　하하, 정말 비슷하네요. 저는 올해 한 달 월급 정도의 하리라야 보너스도 받았답니다.

P　정말 좋겠어요!

잠깐만요!

★ THR(Tunjangan Hari Raya) 하리라야 보너스

라마단 금식 기간이 끝나는 시점과 르바란이 시작되는 시점에 한 달 가량의 월급이 보너스로 지급된다.

★ 르바란에는 대부분 고향으로 떠나고 많은 상점과 식당, 사무실이 모두 문을 닫는다. 길거리도 매우 한적하여 외국인 및 이교도들이 시내 중심가에서 여유를 가지고 즐길 수 있는 시기이기도 하다. 이 시기에 문을 여는 곳은 쇼핑몰뿐이다. 몰은 르바란 기간에도 당일만 제외하고 정상 영업을 한다.

1

Selamat datang bulan suci Ramadhan.
Bulan Ramadhan, bulan ini dipilih sebagai bulan untuk berpuasa, melaksanakan kewajiban kita sebagai umat Islam yang taat terhadap Perintah-Nya.
Ramadhan adalah bulan yang penuh berkah, karena di bulan suci inilah diturunkannya ke Kitab suci Al-Quran yang merupakan petunjuk bagi manusia. Bulan puasa ini adalah bulan di mana terdapat suatu malam yang lebih baik dari seribu bulan (Lailatul Qadar) dan melakukan serangkaian aktivitas salat tarawih, memperbanyak membaca Al-Quran, kemudian mengakhirinya dengan membayar Zakat Fitrah dan merayakan Idul Fitri.
Sebagai rasa kegembiraan ini kita tak lupa untuk saling mengucapkan rasa bahagia dengan berbagai kata dan ucapan selamat berpuasa Ramadhan 2013. Ucapan selamat Ramadhan bisa Anda kirimkan kepada orang-orang tersayang, saudara, keluarga atau teman.

- terletak di ~에 위치하다
- ketinggian 높이
- mencapai 달하다
- berapi 불을 가진
- aktif 활동하는
- pemandangan 풍경
- wisatawan 여행자
- domestik 국내
- luar negeri 국외
- baik A maupun B
  A뿐만 아니라 B도
- mengunjungi 방문하다
- menikmati 즐기다, 만끽하다
- udara 공기
- matahari terbit 일출
- umat Islam 이슬람 신자
- taat 신실한, 독실한

신성한 라마단 달을 환영합니다.
라마단 달, 이 달은 금식을 위한 달로 정해졌습니다. 알라의 지시에 충실한 이슬람 교도로서 우리의 의무를 이행하는 달입니다.
라마단은 축복으로 가득한 달이며, 이 신성한 달은 인간을 위한 지시인 신성한 알꾸란 경전에 계시되었습니다. 이 달은 천 번의 달보다 좋은 밤(Lailatul Qadar)이 있고 따라위(tarawih) 기도 수행을 행하며, 알 꾸란을 더 많이 읽고, 자캇(zakat)을 행하며 이둘 피트리(Idul Fitri)로 끝이 납니다.
우리는 기쁜 마음을 담아 2013년 라마단 금식 축하 인사와 행복의 말들을 서로에게 주고 받습니다. 당신은 사랑하는 사람들, 친척, 가족, 친구에게 라마단의 마음을 담은 인사를 보낼 수 있습니다.

 잠깐만요!

★ 이슬람의 신, 알라를 칭할 때는 Nya의 N을 항상 대문자로 쓴다.

L Mari buka puasa bersama-sama!

P Ya, boleh, di mana?

L Di rumah saya. Istri saya akan menyiapkan ketupat dan kurma.

P Wah, bagus. Ngomong-omong, kenapa orang Indonesia sering makan kurma pada bulan Ramadhan?

L Karena kurma mengandung gula yang mudah dicerna, kurma sangat bagus sebagai makanan pembuka puasa. Selain itu, kurma sangat bergizi dan kaya Vitamin C.

P Bagus, saya penasaran mau cepat makan kurma.

L Ya, ya. Nanti malam datanglah ke rumah saya. Anda bisa makan kurma sepuasnya.

P Hahaha, terima kasih. Selamat berpuasa!

L 금식 후 첫 식사를 함께합시다!

P 네, 좋아요, 어디에서요?

L 저희 집에서요. 제 와이프가 끄뚜팟과 꾸르마를 준비할 거예요.

P 와, 좋아요. 그런데, 왜 인도네시아인들은 라마단에 꾸르마를 자주 먹나요?

L 꾸르마에는 설탕이 들어 있어서 소화를 돕기 때문에 금식 후 처음 먹는 음식으로 매우 좋아요. 그 외에도, 꾸르마는 매우 영양가 있고 비타민 C가 많이 함유되어 있지요.

P 좋네요. 빨리 꾸르마를 먹어 보고 싶어요.

L 네, 네. 이따가 저녁 때 저희 집으로 오세요. 원하시는 만큼 꾸르마를 드실 수 있답니다.

P 하하하, 감사합니다. 금식 잘 하세요!

- **ketupat** 야자수 잎에 쌀을 넣어서 찐 밥
- **kurma** 설탕에 절인 대추 야자
- **dicerna** 소화되다
- **makanan pembuka**
- **puasa** 금식 후 처음 먹는 음식
- **selain itu** 그 외에
- **bergizi** 영양가가 있다
- **kaya** 부유한, 풍부한
- **penasaran** ~하고 싶어서 갈망하는, 속 타는
- **sepuasnya** 만족할 만큼 (= sepuas-puasnya)

1 어감사(kata penegas)

1. dong

말하고자 하는 바를 애교 있게 강조하거나 요청하는 표현이다. 긍정적인 의미를 강조할 때 주로 사용하고, 상대방에게 동조를 구하는 의도를 담고 있기도 하다.

Bantuin dong ~! 좀 도와줘 ~!

Kurangi dong ~! 좀 깎아 줘요 ~!

Iya, dong ~! 그렇다니까 ~! (두 번 말하게 하지 마 ~!)

Jangan dong ~! 하지 좀 마 ~!

2. deh

썩 내키지는 않지만, 제안에 대해 받아들일 때나 더 이상 이야기를 이어나가고 싶지 않을 때 쓰는 표현이다.

Oke deh / Iya, deh~! 알았어~! (내가 졌다, 해 줄게!)

Capai deh~! 아이고, 피곤해라! (정말 머리 아프게 만드네!)

3. kok

생각하지 못한 일이 일어나거나, 예상이 빗나갔을 때 쓰는 표현이다. 어이없다는 의미가 내포되어 있다.

Kok, kamu belum berangkat? 엇, 너 아직 출발 안 했어?

Kok, dia belum menikah? 엇, 그 사람 아직 미혼이야?

A: Kamu kan gak bisa makan kimchi? 너 김치 못 먹잖아?

B: Bisa kok! 먹을 수 있거든! (얼마나 좋아하는데…)

4. nih

과장하여 말하거나, 자신의 의도를 상대에게 강요할 때 쓰는 표현이며 ini의 의미로 쓰이기도 한다.

Aduh, sakit nih. 아이고, 아파 죽겠네.

Kenapa nih? 이거 왜이래?

5. sih

상대방의 행동이나 말에 대해 의심을 나타낼 때 사용한다. 스스로 확신이 없기 때문에 생기는 의문이나 도무지 이해할 수 없는 상황에 쓰인다. 약간의 불쾌함이 섞인 표현도 된다.

Kenapa sih? 대체 왜 그러는 건데요?

Apa sih?! 대체 뭐야?!

Ramadhan

라마단

Lailatul Qadar 라이라뚤 까다르 | 라마단 달의 마지막 열흘간의 밤은 '능력의 밤'이라고 한다. 이 열흘 동안 천사들과 착한 영혼들이 알라의 명을 받들고 사람들에게 내려와 이슬람 신자들을 돕는다고 믿는다. 신실한 이슬람 신자들은 이 열흘 간 금욕적으로 모스크에서 지낸다.

Salat tarawih 따라위 기도 | 라마단 기간에 하는 특별 기도. 20단계로 되어 있고 밤에 기도를 하며 꾸란을 읽거나 낭송을 한다.

Zakat 자캇 | 희사 신이 인간에게 베풀어 준 은혜를 생각하고 감사하는 마음을 갖기 위해 보다 빈곤한 사람들에게 자신의 수익의 일부를 나누어 주는 것.

Halal bihalal 할랄 비할랄 | 회사에서 행해지는 행사이며, 르바란 이후 사장과 사원들이 모두 모여 한 해 동안의 잘못을 용서하고 만찬을 즐긴다.

Ramah tamah 가족인사 모임 | 관계를 돈독히 하기 위해 가족 및 지인이 모여 담소를 나누는 행사이다.

parcel (이둘 피트리, 크리스마스) 선물 세트 | 우리나라에서 명절에 선물세트를 주고받듯이 인도네시아인들도 르바란 전후로 선물세트를 교환한다 생필품, 음식 등 종류는 다양하다.

Kata ucapan pada bulan Ramadhan dan Lebaran

라마단과 르바란에 하는 말

Selamat berpuasa! 금식 잘 하세요!

Selamat hari raya Idul Fitri, mohon maaf lahir dan batin.
이둘 피뜨리를 축하드리며, 모든 잘못을 용서해 주시기 바랍니다.
→ Selamat Idul Fitri!라고 짧게 인사하기도 한다.

Mohon Maaf Lahir dan Batin. 저의 지난 모든 잘못을 용서해 주세요.
→ 지난 잘못을 용서해 달라는 의미의 인사말도 잊지 않는데, 이 말은 '신체적(물리적)으로나 정신적으로 당신에게 잘못한 것이 있다면 용서해 달라'는 뜻이다. 말레이시아에서는 Maaf Zahir dan Batin!이라고 한다.

Baju Tradisional Indonesia
인도네시아 전통 의상

인도네시아 여성들이 입는 전통 의상은 Kebaya(끄바야)이다. 긴팔 블라우스 모양의 전통 의상이다. 15~16세기부터 유래된 의상이며, 금사나 은사로 짠 songket(송켓)과 함께 입는다. 전통적인 방법으로 천연염색을 한 batik 의상과도 매치하여 입는다. Kebaya의 어원은 아랍어 kaba인데 '의류'를 뜻한다. Kebaya는 초기에 인도네시아 열도 북부에서 처음 나타났으며 말라카, 자바, 발리, 수마트라, 보르네오, 술라웨시로 퍼져 나가기 시작했고, 이후 몇 백 년에 걸쳐 각 지역의 관습과 문화에 맞춰 변화했다. 1600년 이전에 자바에서는 성스러운 옷으로 여겨져 Jawa의 왕족들만 입을 수 있었고, 네덜란드 식민 시대에는 유럽 여성들이 정장 드레스로 입기 시작했다. 이 시기에 Kebaya의 소재가 sutra(실크)로 변화하기 시작했다.

인도네시아 남성들이 sembahyang(예배)이나 solat(기도)할 때 입는 전통 의상은 baju koko이다. Kemeja batik(끄메자 바띡)도 남성들이 입는 정장이다. Batik(바띡)은 전통 염색법으로 2009년 유네스코 세계무형문화재로 등재되었다. 현재 인도네시아의 많은 회사들은 setiap hari Jumat(매주 금요일)을 hari Batik(바띡의 날)으로 지정하여 근무자들이 일주일에 한 번 batik을 입도록 하고 있다.

인도네시아 전통 의상 가운데 남녀가 함께 착용할 수 있는 옷으로는 하의인 sarung(사룽)과 kain panjang(까인 빤장)이다. 주로 남성들은 masjid(이슬람사원)에 기도하러 갈 때나 집에서 쉴 때 착용하며, 여성들은 formal(공식적인)인 자리에서나 non-formal(비공식적인)인 자리에서나 모두 착용한다.

Photo by Tatiana Morozova / Shutterstock.com

무슬림 여성들은 머리카락을 가리는 머리쓰개를 착용하는데, 이는 jilbab(질밥)이라고 한다. 중동에서는 hijab(히잡)이라고 불린다. Kerudung(끄루둥)은 질밥과 같은 기능으로 사용되는 것이나 크기가 더 크다.

Keberangkatan dan kedatangan

출발과 도착

- 출국과 입국에 관한 표현
- 공항에서 주의할 점
- Bahasa ABG
- 여행 관련 단어
- 수카르노-하타 국제공항

1

L Halo, selamat datang di Indonesia. Tolong tunjukkan paspor Anda.

P Selamat siang, Pak. Ini paspor saya.

L Apa tujuan Anda datang ke Indonesia?

P Saya mau berjalan-jalan di Indonesia.

L Apa jenis pekerjaan Anda?

P Saya karyawan.

L Baik, ini paspor Anda. Semoga perjalanan Anda menyenangkan.

P Terima kasih.

- menunjukkan ~을 보여 주다
- tujuan 목적
- menginap 묵다, 투숙하다
- perjalanan 여정, 여행
- menyenangkan 기쁘게 하다

L 안녕하세요, 인도네시아에 오신 것을 환영합니다. 여권을 보여 주세요.

P 안녕하세요. 여기 있습니다.

L 인도네시아에는 무슨 일로 오셨습니까?

P 관광하러 왔어요.

L 직업이 무엇입니까?

P 회사원입니다.

L 좋습니다, 여기 여권이요. 즐거운 여행 되세요.

P 감사합니다

잠깐만요!

★ 인도네시아에는 무슨 일로 오셨습니까? Apa tujuan Anda datang ke Indonesia?

Untuk berwisata. 관광하러 왔어요.

Untuk bekerja. 일 때문에 왔어요.

2

L Ada apa di dalam koper ini?

P Ada baju dan buku.

L Tolong buka koper Anda.

P Ya, boleh.

L Ini apa?

P Ini namanya kimchi, makanan tradisional Korea.

L Apakah ini buah?

P Bukan, ini makanan yang dibuat dari berbagai jenis sayuran.

L Baik, Anda boleh pergi sekarang.

- koper 여행 가방
- lauk-pauk 반찬
- berbagai 다양한
- jenis 종류

L 이 여행 가방 안에는 무엇이 있나요?

P 옷과 책이 있습니다.

L 가방을 열어 주시겠습니까?

P 네.

L 이것은 무엇입니까?

P 이것은 김치라는 것인데, 한국 전통 음식입니다.

L 과일입니까?

P 아닙니다. 여러 가지 종류의 채소들로 만들어진 반찬입니다.

L 네, 이제 가셔도 좋습니다.

잠깐만요!

★ 가방을 열어 주세요. Tolong buka tas Anda.

★ 신발을 벗어 주세요. Tolong lepaskan sepatu Anda.

★ 주머니에 있는 것을 다 꺼내 주세요. Tolong kosongkan saku Anda.

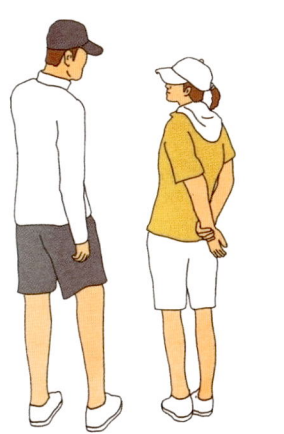

김치를 소지할 경우 주의할 점

김치는 가공된 식품이기 때문에 인도네시아에 김치를 가지고 입국하는 것은 불법이 아니다. 단, 인도네시아 공항 직원들에게 웃돈을 줘야 하는 경우가 종종 발생한다. 경찰제복을 입은 사람이 와서 김치는 반입이 안 된다고 하며 돈을 요구할 수도 있는데, 이런 경우 가급적이면 돈을 주지 않도록 하고, 주더라도 최소한의 금액만 주도록 하자. 보통 10달러에서 심할 경우 50달러까지도 받는다고 한다. 인도네시아 공항에 입국할 때는 책잡힐 물건이 있는지 다시 한 번 잘 확인하고, 논란의 여지가 있는 물품(음식물 등)은 가지고 오지 않는 것도 현명한 방법이다.

3

L Saya mau check-in. Saya mau ke Kuala Lumpur.

P Ya, Pak. Ada bagasi?

L Ya, ada satu.

P Tolong taruh di sini, Pak.

L Ya, saya mau duduk dekat jendela.

P Maaf, tempat duduk yang dekat jendela sudah penuh.

L Tidak apa-apa. Duduk di pinggir lorong saja.

P Bapak harus membayar pajak bandara, 200.000 rupiah.

- check-in 체크인
- bagasi 수하물, 짐
- tempat duduk yang
- dekat jendela 창가쪽좌석
- tempat duduk yang di pinggir lorong 통로 쪽 좌석
- penuh 가득 찬, 꽉 찬
- Pajak Bandara 공항세 (= airport tax)

L 체크인을 하고 싶습니다. 쿠알라룸푸르에 가려고요.

P 네, 손님. 수하물이 있나요?

L 네, 하나 있어요.

P 여기에 놓아 주세요, 손님.

L 네, 저는 창가 쪽에 앉고 싶습니다.

P 죄송합니다만, 창가 좌석은 이미 찼습니다.

L 괜찮습니다. 그냥 통로 쪽에 앉을게요.

P 손님 공항세 20만 루피아를 지불해 주셔야 합니다.

잠깐만요!

공항세

인도네시아에서 출국할 때는 공항세를 지불해야 한다. 2013년 현재 국내선의 경우에는 공항세가 4만 루피아(한화 약 5천 원), 국제선인 경우에는 20만 루피아(한화 약 2만 5천원)이다.

4

L Maaf, ibu. Visa Anda sudah berakhir.

P Eh? Tidak mungkin, Pak.

L Visa ini hanya membolehkan Anda tinggal di Indonesia selama 30 hari saja, tetapi sekarang sudah 32 hari.

P Kenapa begitu? Hari ini tanggal 14 Agustus. Visa itu mulai dari tanggal 14 Juli. Maka, hari ini kan pas sebulan.

L Ibu, visa ini untuk 30 hari, bukan untuk satu bulan. Maka, visa ini berlaku mulai 14 Juli sampai 12 Agustus.

P Aduh, kalau begitu saya salah.

- berakhir 끝나다
- tidak mungkin 불가능한
- membolehkan 허락하다
  (=mengizinkan)
- pas 정확한, 꼭 맞는
- berlaku 유효하다

L 죄송합니다. 비자 날짜가 지났네요.

P 네? 그럴 리가 없는데요.

L 이 비자로는 30일까지만 인도네시아에 머물 수 있는데, 이미 32일이 되었습니다.

P 왜 그렇죠? 오늘은 8월 14일이잖아요. 이 비자는 7월 14일부터 유효했어요. 그러니, 오늘이 오늘이 딱 한 달째인데요.

L 사모님, 이 비자는 30일짜리 비자예요, 한 달이 아닙니다. 그러므로, 이 비자는 7월 14일부터 8월 12일까지 유효합니다.

P 아이고, 그럼 제가 잘못했네요.

 잠깐만요!

도착비자

인도네시아 도착비자(VISA ON ARRIVAL)는 인도네시아에 도착한 후 공항에서 발급받는 비자이다. 2013년 현재 도착비자 가격은 미화 25달러이며 30일간 유효한(MAX 30 DAYS, NOT EXTENDABLE) 비자이다. 인도네시아 입국일을 포함해서 30일간 머무를 수 있는 것이므로 날짜를 잘 계산해야 한다. 유효한 날짜가 지나면 벌금을 내야 하니 꼭 유의하자.

L   Nanti malam, makan malam bersama-sama, yuk!

P   Maaf, tidak bisa. Saya akan ke bandara untuk menjemput teman saya.

L   Oh, begitu. Temannya sampai di bandara jam berapa?

P   Dia sampai di bandara pada jam 8.00 malam

L   Berapa lama dia akan tinggal di Indonesia?

P   Selama seminggu.

L   Di mana teman Anda akan menginap?

P   Dia akan menginap di tempat kos saya.

L   오늘 밤에 같이 저녁 먹읍시다!

P   죄송해요, 안 되겠어요. 공항에 친구를 마중 나가야 해요.

L   아, 그렇군요. 친구가 몇 시에 도착하나요?

P   친구는 8시에 공항에 도착해요.

L   인도네시아에 며칠 동안 머무르나요?

P   일주일간요.

L   당신의 친구는 어디에서 묵을 예정이에요?

P   제 하숙집에서 묵을 거예요.

- menjemput 마중하다
- menginap 묵다, 숙박하다
- kos 하숙집

1 Bahasa ABG

인도네시아에는 bahasa ABG 라는 말이 있다. 청소년들이 많이 쓰는 구어체 표현들을 의미한다. ABG는 Anak Baru Gede(청소년)의 줄임말이며 다른 말로 Bahasa gaul라고도 한다. 구어체에 나타나는 두드러지는 특징은 다음과 같다.

1. -kan 접사를 -in으로 바꾸어 말한다.

memperpanjang ➜ panjangin 더 늘리다, 연장하다

memperkenalkan ➜ kenalin ~을 소개하다, 알려 주다

memikirkan ➜ mikirin 생각하다, 기억하다

menanyakan ➜ nanyain ~에 대해 묻다

mengambilkan ➜ ngambilin 집어 주다, ~에서 가져오다

2. a가 종종 e로 바뀐다.

sebal ➜ sebel 열받는, 불쾌한, 짜증나는

benar ➜ bener 옳은, 맞는

putar ➜ puter 회전, 회전하다

3. au와 ai가 o와 e로 바뀐다.

kalau ➜ kalo ~라면

sampai ➜ sampe ~까지, 도착하다

capai ➜ cape 피곤하다

pakai ➜ pake 사용하다

4. 맨 첫 번째 철자가 생략된다.

habis ➜ abis 다 써버린

hujan ➜ ujan 비, 비가 오다

sama ➜ ama 함께, 동일한, ~에 의해, ~에게

sudah ➜ udah 이미

memang ➜ emang 사실, 정말, 당연히

5. 철자 h가 종종 생략된다.

tahu → tau 알다

lihat → liat 보다

tahun → taun 해, 년

pahit → pait 쓰다

6. 축약된다.

begini 이렇게, 이런 식으로

begitu 그렇게, 매우, 너무

sebentar → entar, ntar, tar 잠시

ulang tahun → ultah 생일

selamat → met 안전한, 건강한, 축하

boleh juga → boljug 역시 가능한, 그런대로 괜찮은

Terima kasih → Makasih (trims). 고마워.

2 연령의 구분

- **아기**   bayi : 1~4 tahun
- **유아, 5세 정도의 아이**   balita : (Bayi Lima Tahun) : 4~6 tahun
- **어린이**   anak : 7~10 tahun
- **청소년**   ABG : Anak Baru Gede (usia menjelang remaja, antara 11~14 tahun)
- **성인이 되어 가는 청소년**   remaja : 15~17 tahun
- **청년, 젊은이**   pemuda / pemudi : 18~25 tahun
- **성인**   dewasa : 18~25 tahun
- **중년, 장년**   paruh baya : 30~50 tahun
- **노인**   lansia (lanjut usia) : 66 ke atas
- **고령자**   manula (manusia usia lanjut) : 66 tahun ke atas

Ke luar negeri
해외에 가다

☐ kartu imigrasi 출입국 카드

☐ pemeriksaan imigrasi kedatangan 입국 심사

☐ pemeriksaan imigrasi keberangkatan 출국 심사

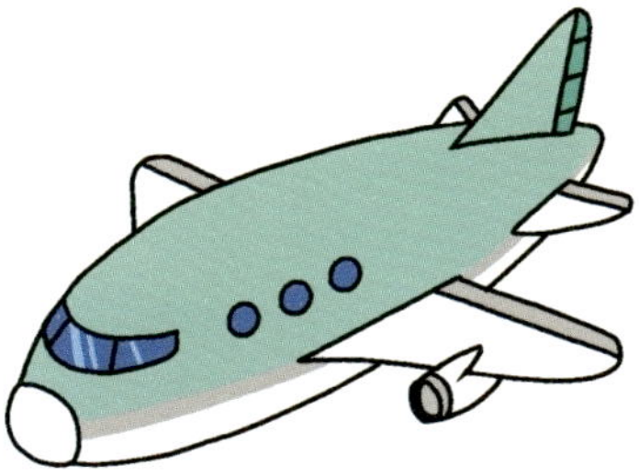

☐ lapor berangkat 출국 신고하다

☐ masuk negara 입국

☐ keluar negeri 출국

☐ Bandara internasional 국제 공항

☐ pesawat luar negeri (internasional) 국제선

☐ pesawat dalam negeri (domestik) 국내선

☐ naik, menumpang 탑승

☐ kabin 기내

☐ transfer 환승

selamat datang!

☐ bagasi jinjing 기내 휴대용 가방

☐ barang keperluan pribadi 개인 소지품

☐ ban berjalan 수화물 컨베이어

☐ antre 줄을 서다

☐ pramugari/pramugara 승무원

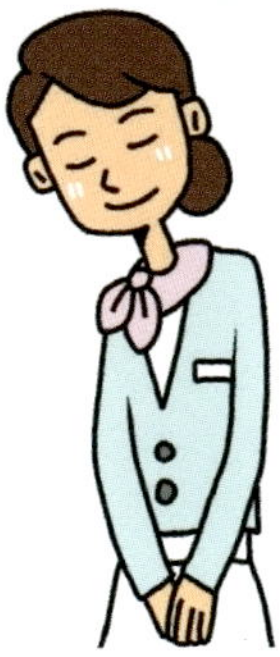

wisata/berwisata 관광 | liburan/berlibur 휴가 | kewarganegaraan 국적 | paspor 여권

Bandar Udara Internasional Soekarno-Hatta

수카르노 – 하타 국제공항

인도네시아 자카르타에 근교에 Cengkareng에 있는 공항이다. 인도네시아 초대 대통령 Soekarno와 초대 부통령 Mohammad Hatta의 이름을 합쳐 명명한 것이다. 수카르노-하타 국제공항은 pemeriksaan bagasi(수화물 검사)를 통과한 후 check-in(탑승 수속)을 진행할 수 있다. 즉, 출국하지 않는 사람들은 penerbangan domestik dan internasional(국내선과 국제선)의 gerai lapor-masuk(체크인 데스크)까지 들어갈 수 없다. 우리나라의 공항과는 다른 구조이다.

수카르노-하타 공항은 2012년 5천 800만 명의 여객 수를 기록하였고 이것은 세계에서 9번째, 아시아에서 3번째로 많은 이용객이 이용하는 대형 공항이다. 인천공항공사는 2013년 5월부터 2015년 말에 걸쳐 수카르노-하타 공항의 대규모 시설 개선 사업의 사업 관리 용역을 수행하기로 했다.

Photo by magicinfoto / Shutterstock.com

인도네시아어와 말레이시아어의 단어 비교

Indonesia		Malaysia
anak	아이	budak
kantor	사무실	pejabat
pabrik	공장	kilang
cabang	체인점	cawangan
perusahaan	회사	syarikat
bisa	~할 수 있다	boleh
alami	자연스럽다	sejadi (semula jadi)
jawab	답변, 회신	maklum balas
selalu, senantiasa	항상	sentiasa
pemuda	청년	belia
tingkat	단계, 층	peringkat
bandara (Bandar udara)	공항	lapangan terbang
pelabuhan	항구	bandar
cangkir	잔	cawan
handuk	수건	tuala
jabatan	직책, 직급	jawatan
pelayanan	서비스	perkhidmatan
internasional	국제적인	antarabangsa
meningkatkan	발전하다	menaiktarafkan
keahilan	전문성	kepakaran
mau	~을 원하다	hendak (nak)
minggu	주	ahad (hari Ahad 일요일)
pernikahan	결혼식	perkahwinan

가장쉬운

인도네시아어
첫걸음의
모든것

동양북스 채널에서 더 많은 도서
더 많은 이야기를 만나보세요!

외국어 출판 45년의 신뢰
외국어 전문 출판 그룹
동양북스가 만드는 책은 다릅니다.

45년의 쉼 없는 노력과 도전으로 책 만들기에 최선을 다해온
동양북스는 오늘도 미래의 가치에 투자하고 있습니다.
대한민국의 내일을 생각하는 도전 정신과 믿음으로 최선을 다하겠습니다.

동양북스